# 아침에 나 혼자 일어나는 법

## 14살부터 시작하는 작은 습관의 힘

14살부터 시작하는 작은 습관의 힘
**아침에 나 혼자 일어나는 법**

초판 1쇄 펴냄 2023년 3월 20일
　　3쇄 펴냄 2024년 4월 5일

지은이 케이트 글래딘
옮긴이 김인경

펴낸이 고영은 박미숙
펴낸곳 뜨인돌출판(주) | 출판등록 1994.10.11.(제406-251002011000185호)
주소 10881 경기도 파주시 회동길 337-9
홈페이지 www.ddstone.com | 블로그 blog.naver.com/ddstone1994
페이스북 www.facebook.com/ddstone1994 | 인스타그램 @ddstone_books
대표전화 02-337-5252 | 팩스 031-947-5868

ISBN 978-89-5807-951-4  03190

# 아 침 에

케이트 글래딘 지음

김인경 옮김

# 나 혼 자

## 14살부터 시작하는 작은 습관의 힘

# 일 어 나 는 법

뜨인돌

# 차례

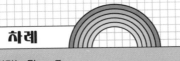

| 1부 | 습관이란? |
|---|---|

이론편

| 2부 | 작은 습관 만들기 |
|---|---|

실천편

"해야 할 일이 너무 많아요!"

나와 상담을 시작하던 날 오드리가 울먹이면서 한 말이야. 오드리는 고등학교 입학을 앞두고 스트레스를 많이 받았어. 불안하고 많이 긴장한 상태였지. 오드리의 마음을 짓누르는 무거운 짐이 나에게도 고스란히 느껴졌어.

어른으로 성장한다는 것은 꽤나 복잡하고 힘든 일이야. 스스로 느끼는 책임감이 커지고, "이런 모습이 되거라." "그건 줄여야지." "더 노력해 봐." "시간 관리를 잘해야 해." "그렇게 게을러서 되겠니!" 등등 세상이 요구하는 것도 점점 많아지지.

나도 십 대 시절을 되돌아 보면 어른들이 요구하고 기대하는 게 부담스러웠어. 이 책은 너에게 그러지 않을 거야. 난 너에게 무엇을 해야만 한다고 말하지 않을 생각이야. 그보다는 일상생활을 좀 더 흥미롭고 보람차게 만들어 줄 습관과 아이디어에 대한 이야기를 편하게 나누어 보려고 해!

아침에 일찍 일어나야 한다는 건 알지만 늦잠을 자다가 매번 엄마 잔소리에 깨고, 야심차게 새해 계획을 세웠지만 하루도 못 지키고 좌절해 본 적이 있을 거야. 나는 이 책을 통해 그런 실패를 반복하는 지극히 평범한 우리가 작고 사소한 습관을 통해 얼마나 중요한 변화를 만들어 낼 수 있는지를 증명해 내려고 해.

내가 이렇게 말할 수 있는 이유는 여러 가지가 있는데, 살면서 지워지지 않을 경험을 했기 때문이야. 스무 살 때 언니가 세상을 떠났거든. 내가 감당하기엔 너무 힘든 일이었어. 하지만 언니를 잃은 슬픔을 이겨 내기 위해서 매일매일 감사할 일을 찾았고 감사하는 일이 습관으로 자리 잡으면서 힘을 낼 수 있었어. 그로부터 2년 뒤, 피트니스 선수권 대회에서 우승을 했는데 그것도 매일 운동하는 습관을 들였기 때문이지. 오늘 하는 일은 내일에 영향을 끼치기 마련이야. 네가 한 사소한 행동이 목표에서 더 멀어지거나 가까워지게 할 수 있어. 이 책은 네 인생에 꼭 장착했으면 하는 습관을 알려 주고, 앞으로 멋진 인생을 꾸려 나가기 위해 필요한 이야기들을 담고 있어.

나와 상담했던 학생들은 이 책 3장에서 소개하는 좋은 습관을 쌓아서 새로운 친구를 사귀고 학교 뮤지컬에서 중요한 역할을 맡기도 했어. 또 다른 십 대들은 5장의 내용대로 습관을 들여서 크

로스컨트리 팀을 결성하고 목표한 성적을 거뒀지. 6장의 내용을 충실하게 실천해서 끊임없이 갈등하고 부딪히던 엄마와 사이가 좋아진 친구들도 있어. 참, 오드리는 어떻게 됐을까? 상담이 끝나는 날 나와 웃으며 인사한 뒤, 들뜬 마음으로 짐을 싸서 기숙사로 향했지. 4장에 담은 작은 습관을 소개해 줬거든. 이제 네 차례야. 원하는 것을 이룰 수 있게 내가 도와줄게!

너를 도울 수 있어서 정말 영광이야. 이 책에서 우리는 스스로 삶의 방향을 정하고, 목표 설정은 물론 목표한 바를 달성하는 데 꼭 필요한 습관들을 살펴볼 거야. 처음에는 의심이 가더라도 마음을 열고 날 따라와 줘. 작은 습관들은 그다지 중요하지 않아 보일 수도 있지만, 그 작은 습관들이 하나하나 쌓이다 보면 어느새 너의 삶이 바뀌어 있는 것을 볼 수 있을 거야.

마지막으로, 내가 습관에 관한 여러 이야기들을 하겠지만 사실 너와 다를 바 없는 '사람'이고 여전히 배우는 중이라는 사실을 기억해 줘. 나를 그저 인생이라는 거친 여정에서 너보다 몇 발짝 먼저 걸어간 친구라고 생각해 주면 좋겠어. 이 책을 통해 너에 대해 더 잘 탐구하고 일상을 멋진 시간으로 꾸릴 수 있는 방법을 찾을 수 있길 바랄게. 그리고 무엇보다 가장 중요한 것은 네가 이 책을 즐겁게 읽는 거야. 그럼 시작해 볼까?

## 이 책을 활용하는 방법

너도 잘 알겠지만, 이 책에서 소개하는 작은 습관들은 읽기만 해서는 저절로 네 것이 되진 않아. 하나하나 직접 실천해야 변화가 일어날 거야. 일단 너에게 맞는 속도로 읽으면서 어떻게 하면 적용할 수 있을지 진지하게 고민하는 시간이 필요해.

우리는 관계, 건강, 시간 관리, 목표 설정에 대한 좋은 습관을 들이는 방법을 알아볼 거야. 이렇게 익힌 전략들은 어디에서든 강력한 도구로 활용할 수 있어. 그뿐 아니라 여기서 소개한 전략을 잘 활용하면, 어려움을 헤쳐 나가고 멋진 삶을 누릴 수 있게 해 줄 로드맵을 얻을 수 있을 거야!

이 책을 100% 활용하기 위해 1장부터 순서대로 읽어 보는 방법을 추천할게. 하지만 지금 어떤 어려움을 먼저 해결하고 싶다면 관련된 장부터 먼저 펼쳐 읽어도 좋아. 그리고 이건 너한테만 알려 주는 꿀팁인데, 책에서 배운 내용을 잘 흡수해서 적용하고 싶다면 형광펜을 들고 읽어 봐. 마음에 드는 문장이나 꼭 실천하고 싶은 내용을 표시해 두면 다시 떠올려야 할 때 바로 찾아낼 수 있어. 책에 표시하는 것을 좋아하지 않는다면 노트나 핸드폰의 메모 앱에 기록해 둬도 좋아. 어떤 방법으로 어떻게 활용하든 이 책의 메시지는 언제든 너와 함께할 거란 사실을 기억해 줘!

# 1부

1부에 온 것을 환영해! 너와 함께 '습관'이라는 세계를 탐험할 생각에 신나고 흥분돼. 이 책을 펼치긴 했지만 습관이 뭔지, 왜 그렇게 중요한지 아직 잘 모를 수도 있을 거야. 1부에서는 습관이 무엇인지, 습관을 만들려면 어떻게 해야 하는지, 습관이 우리에게 어떤 영향을, 어떻게 끼치고 있는지 살펴볼 거야. 또 도움이 되는 습관과 그렇지 못한 습관에 관해 이야기하고 좋지 못한 습관을 가려내는 방법도 알아보려고 해.

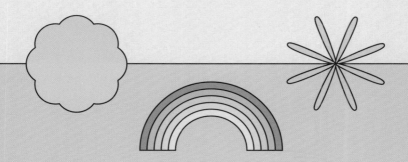

# 습관이란?

이론편

## CHAPTER 1

# 습관이 대체 뭐야?

이제 본격적으로 습관의 세계 속으로 떠나 보자! 먼저 습관이 무엇인지 살펴보고, 습관을 만드는 데 필요한 세 단계를 알아볼 거야. 그러면 한 번의 행동이 반복되는 습관으로 자리 잡기 위해 무엇이 필요한지 알 수 있어. (진짜 굉장한 일이지!) 그런 다음 건강, 관계, 학업 등 습관의 영향을 받는 삶의 다양한 영역들을 살펴보려고 해.

## 습관이란 무엇일까?

매일 양치하기, 소셜 미디어 확인하기, 농구 드리블 연습하기, 손톱 물어뜯기. 이것들의 공통점은 뭘까? 정답은 모두 '습관'이라는 거야. 몇 가지는 도움이 되고 어떤 것들은 딱히 도움 되지 않지만, 모두 습관이 무엇인지 보여 주지. 즉, 습관은 우리가 오랫동안 규칙적으로 반복하는 행동이야. 연구에 따르면 우리가 보내는 하루 중 40% 정도가 습관적인 행동으로 이루어진다고 해.

우리의 행동이 습관으로 자리 잡으려면 어떤 조건이 있어야 할까? 우선 노력이 필요해. 특정한 행동을 충분히 반복하면 행동의 패턴이 뇌에 각인되어서 특별히 애를 쓰지 않고도 할 수 있게 돼. 예를 들어 옷 입는 법을 배울 때를 생각해 봐. 처음엔 윗옷을 입는 일도 쉽지 않았잖아. 팔을 어디로 집어넣는지도 헷갈릴 때가 있었지. 하지만 지금은 눈을 감고도 척척 해낼 수 있어. 생각해 보면 우리는 어떤 행동을 하고 있다는 의식조차 하지 않고 습관적으로 행동할 때가 많아.

그런데 사실 그런 행동은 그냥 우연히 일어나는 게 아냐. 이것이 바로 습관을 이해하는 핵심이야. 습관은 특정한 행동을 여러 번 반복하면서 만들어져.

## 습관을 형성하는 세 단계

그거 알고 있니? 우리의 습관은 우리 존재만큼이나 특별하고 독특해. 그런데 말이야. 심리학자들이 이 독특한 습관이라는 개념이 세 단계의 과정을 거쳐 만들어진다는 점을 밝혀냈어. 습관이 어떤 루틴을 거쳐 만들어진다는 게 흥미롭지 않니? 그 단계는 '습관의 고리'라고 불리는데 습관이 만들어질 때는 신호, 행동, 보상의 과정을 거친다고 해. 습관이 어떻게 만들어지는지 이해하면 나쁜 습관에서 빠져나와 좋은 습관을 몸에 익힐 수 있어.

## 신호

신호는 뇌를 자극해서 특정한 행동을 하게 만들어. 행동의 방아쇠를 당기는 역할을 하는 셈이지. 신호는 우리 주변에 늘 존재하는데, 대개 시간, 장소, 감정, 타인, 행동이라는 다섯 가지 영역에서 발생해. 문자 알림을 받거나, 주방을 지나갈 때, 불안한 감정을 느끼거나, 점심을 어디에서 먹을지 찾는 일 등 뇌가 일상적인 반응으로 학습한 것이라면 무엇이든 신호가 될 수 있어. 전에 그 행동을 수없이 반복했기 때문이지. 예를 들어 거울을 보는 신호는 헤어스타일을 확인하는 행동으로 연결될 수 있어.

행동은 신호가 주는 자극에 반응해서 나오는 동작이라고 할 수 있어. 행동은 충분히 반복하다 보면 의식하지 않아도 자동으로 하게 돼. 우리는 알림음이나 진동 소리를 들으면 바로 핸드폰을 확인해. 이게 신호에 따른 행동이 작동한 상황이야. 알림음이라는 신호가 일어났기 때문에 우리는 별다른 생각을 하지 않고 즉시 핸드폰 화면을 확인하지.

내 경우에는 주방에 가면(신호) 냉장고를 열고 무슨 간식이 있는지 확인해(행동). 누군가는 불안하면(신호) 손톱을 물어뜯기도 하지(행동). 생각이 신호의 반응이 될 수도 있어. 예를 들어 점심 시간에 앉을 자리를 찾으면서(신호) 너는 습관적으로 '아무도 나한테 말을 걸지 않겠지' 또는 '오늘도 짝 없이 혼자 앉겠네'라고 생각할 수 있어.

생각은 겉으로 나타나는 동작이 아니야. 겉으로 보이는 동작에 직접 영향을 주는 '마음속으로 행한 동작'인 셈이야. 우리는 행동뿐만 아니라 습관적으로 하는 생각에도 관심을 갖고 살펴볼 거야.

## 보상

우리 뇌는 계속해서 발전하고 싶어 하고, 가치 있다고 느끼는 것들을 하고 싶어 해. 그래서 행동에는 '보상'이 따라야 하지. 보상 덕분에 좋은 기억이 있으면 그 행동을 자주 반복하게 되고 자연스럽게 습관으로 자리 잡게 되는 거지.

보상은 운동하고 시원한 물로 샤워할 때 드는 만족스러운 느낌과 비슷해. 일주일 동안 다이어트를 하다가 치팅데이에 먹고 싶었던 걸 먹는 것도 보상의 좋은 예야. 네가 한 행동에 보상이 없다면 뇌는 그 행동을 반복할 동기를 잃어. 보상은 행동을 습관으로 만드는 핵심 요소야.

종합해 보면, 어떤 신호가 특정한 행동을 하게 만들고 그 행동으로 인해 보상을 얻으면 뇌는 다음에 그 신호를 만났을 때 그 행동을 반복하고 싶어져. 예를 들어 주방 찬장 속에서 과자를 보고 (신호) 꺼내 먹었어(행동). 과자가 맛있어서 너는 기분이 좋아졌어 (보상). 그러면 다음에 과자를 볼 때도 먹고 싶어지겠지? 이런 습관의 고리, 즉 신호, 행동, 보상 체계는 반복을 통해 뇌에 깊숙이 새겨져. 그 습관의 고리는 무의식 중에 작동하게 되고, 너는 그 행동을 하면 얻는 보상을 갈망하기 시작하지.

## 습관이 우리에게 미치는 영향

건강은 아무 노력 없이 얻을 수 있는 것이 아니야. 내면과 외면의 건강은 모두 어떤 습관이 쌓여 만들어진 결과야. 우리가 습관적으로 반복하는 행동들은 우리의 목표에 더 가까워지게 해 주거나 멀어지게 해. 나는 이 책을 통해 삶의 거의 모든 영역에서 우리가 목표한 바에 더 가까이 다가가도록 도와주는 습관을 어떻게 만들 수 있을지 이야기하려고 해.

### 감정 조절

스트레스도 덜 받고 감정 조절도 잘하고 싶다고? 좋은 습관을 들이면 가능해! 좋지 않은 습관을 들인 탓에 부정적인 감정을 잘 다루지 못하는 사람들도 있어. 부정적인 감정을 떨쳐 버리려고만 하거나 그런 감정을 느낀다는 이유로 자신을 비난하고 냉정하게 판단하는 식으로 말이야. 그런 방식은 오히려 부정적인 감정을 더 커지게 해. 어떤 사람들은 그런 감정에서 도망치려고 과식하거나 드라마를 내리 보면서 시간을 보내기도 해. 이렇게 감정에 저항하거나 도망치기에 급급한 습관은 감정을 해치고 괴로운 느낌만 더할 뿐이야. 이럴 때 좋은 습관을 만들면 상황을 뒤집을 수 있어!

힘든 시기를 겪는 동안에도 자신의 감정을 돌볼 줄 안다면 앞으로 어떤 스트레스가 생기더라도 잘 대처할 수 있을 거야.

## 건강한 몸

몸은 우리가 깨닫지 못하는 사이에 심장을 시간당 4800번 뛰게 하고 매일 3천억 개의 세포를 만들어 내는, 그야말로 굉장한 일을 하고 있어! 하지만 우리는 몸을 그렇게 소중하게 대하지 않아. 소파에 누운 채로 배달 음식을 먹거나 새벽 3~4시까지 자지 않고 게임을 하는 모습이 바로 그 증거지. 이런 습관의 영향은 어마어마하게 커져서 건강을 해쳐.

　반대로 좋은 습관을 들이면 건강해질 뿐만 아니라 피부가 밝아지고 에너지도 솟고 잠도 잘 오고 몸이 가뿐해지지. 또 기분이 좋아지기도 해! 건강을 지키기 위해 좋은 습관을 들이려는 노력은 그만한 가치가 있어. 몸이 가뿐해지는 경험은 돈으로도 살 수 없는 엄청난 보상이야.

## 건강한 정신

마음속에 짐이 너무 많으면 부정적인 생각이 파고들기 쉬워. 과거의 잘못을 자꾸 떠올리면서 그 생각에 갇히기도 하지. 힘든 일이

닥쳤을 때 부정적인 생각들을 그냥 놔두면 정신이 메마르고 우울증이나 불안증 같은 질병으로 악화될 수도 있어.

정신이 건강하다는 것은 늘 낙관적인 생각만 하고 긍정적인 감정만 느낀다는 의미가 아니야. 그건 현실적이지도 않을뿐더러 꼭 그럴 필요도 없어. 이런저런 경험을 하면서 가끔 실망하거나 상처받는 것은 건강한 반응이야. 사실 도움이 될 때도 많지. 항상 위험 상황을 인지하면서 살아야 했던 조상들 덕분에 우리 뇌는 '부정 편향성'을 발달시켰어. 부정적인 정보를 훨씬 빨리 인지하고 오래 기억한다는 뜻이야. 그렇기 때문에 살면서 의도치 않게 저절로 부정적인 생각이 떠오르는 것은 정상이야. 그런데 이와 동시에 우리는 '저절로 떠오르는 부정적인 생각(ANTs: Automatic Negative Thoughts)'들을 적절하게 관리하고 정신을 건강하게 해 줄 좋은 습관을 쌓는 능력도 장착하고 있어. 그 사실을 잊지 마!

## 습관의 효과

### 관계

친구의 생일에 다정한 축하 인사를 담은 카톡을 보내는 일부터 네 옷을 세탁한 뒤 잘 개서 방으로 가져다 준 엄마에게 고맙다고 말하는 일까지(물론 네가 스스로 세탁기를 돌리는 날이 온다면 엄마가 너에게 고맙다고 할 거야), 관계가 발전하고 풍성해지는 것도 습관에 달렸어. 바쁘게 살다 보면 친구의 생일을 깜빡하고 못 챙기거나, 학원이 늦게 끝났을 때 데리러 온 아빠에게 고맙다고 말하지 않고 그냥 넘어가기가 쉽지.

인간관계는 노력과 관심을 덜 기울이면 금세 시들해지고 말아. 가까운 사이도 마찬가지야. 부모님에게 무례하게 굴거나 빈정대는 습관이 있다면 부모님과의 사이가 불편해지겠지. 해결책은 친구, 부모님, 형제자매, 선생님, 팀원과의 관계를 돈독히 할 수 있는 습관을 기르는 거야. 이 내용은 6장에서 살펴볼 거야.

### 사회성 기술

우물쭈물하거나, 다른 사람이 자신에 대해 어떻게 생각할지 몰라 걱정하거나, 친구가 이야기하는 도중에 갑자기 떠오른 생각을 불쑥 말하면서 끼어드는 행동도 모두 습관에서 비롯된 결과야. 이런 습관은 다른 사람과 소통하는 데 방해가 되기도 해. 의식하든 그렇지 않든 몸짓, 목소리 톤, 듣는 태도, 자존감 같은 것들은 사람들과 어울리고 의사소통하는 데 영향을 줘.

곤란한 상황을 자주 겪다 보면 스스로 '사회적 부적응자'라고 생각하기 쉽지만, 사실 그런 상황에 처하는 까닭은 습관적으로 하는 행동 때문이야. 그런 경우 의도적으로 새로운 습관을 만들면 상황을 바꿀 수 있어. 3장에서 사회성을 기르는 데 필요한 기술을 바탕으로 간단하지만 강력한 습관을 만드는 방법을 알아볼 거야. 그런 습관을 들이면 자신감 있게 말할 수 있을 뿐만 아니라 다른 사람의 말도 공감하며 잘 들을 수 있어. 용기 내서 좋아하는 상대에게 말을 걸거나 학교 연극 오디션에 지원하거나 걱정거리를 털어놓는 친구에게 든든한 지원자가 되어 줄 수도 있지!

## 학교생활

숙제를 깜빡하거나 과제를 끝까지 미루다가 원하는 점수를 받지 못할 때가 많다고? 너만 그런 고민을 하는 건 아니야. 한 연구에 따르면 고등학생 중 86%가 미루는 습관이 있다. 당장은 수학 숙제를 하는 것보다 SNS를 구경하는 일이 훨씬 재미있겠지. 하지만 그럴수록 숙제에 들일 시간은 줄어들고 숙제의 퀄리티는 떨어질 거야. 이것이 바로 미루는 습관의 치명적인 단점이야. 미루다 보면 불안과 걱정에 휩싸여서 능력을 제대로 발휘하지 못한다는 점도 무시할 수 없는 단점이지.

혹시 성적을 높이고 스트레스를 줄이고 부모님의 잔소리도 피하고 싶다면 4장을 참고해 봐. 네가 원하는 답을 얻을 수 있을 거야. 시간 관리법을 익히면 미루는 습관을 훨씬 좋은 습관으로 바꿀 수 있어. 단언컨대 뿌듯해할 만한 결과를 얻게 될 거야.

## 건강

너무 늦게 자서 피곤할 때가 많다고? 가만히 있어도 계속 부정적인 생각이 든다고? 이런 증상은 새로운 습관을 통해 정신, 감정, 몸을 탄탄하게 만들어 줄 건강을 길러야 한다는 신호야. 일상에 간단한 변화를 줘서 커다란 보상을 거둬들일 방법을 5장에서 알려 줄게.

내가 만난 대다수의 십 대들은 게임을 하거나 유튜브를 보거나 친구랑 카톡을 하느라 새벽 2시쯤 잠자리에 든다고 해. 당장은 크게 문제 될 일이 없다고 느낄지 몰라. 하지만 청소년기의 뇌는 8~10시간가량 잠을 자야 그 시기에 필요한 성장을 할 수 있어. 제대로 잠을 자지 못하면 에너지가 떨어지고 부정적인 생각이 꼬리에 꼬리를 물기도 해. 늦게까지 잠을 자지 않고 핸드폰이나 컴퓨터를 하는 습관을 한 번에 바꾸기는 쉽지 않을 거야. 하지만 당장 바꾸지 않으면 점점 더 힘들어질 뿐이야. 또 수면 부족이 계속되면 우울증 같은 문제가 생길 수도 있어.

## 장기적인 목표

지금부터 일 년 내에 이루고 싶은 목표 한 가지를 꼽아 볼래? 축구팀에 들어가기? 중간고사 평균 85점 받기? 심부름이나 아르바이트로 100만 원 모으기? 무엇이 되었건 그 목표를 이룰 수 있는 비결이 있어. 바로 원하는 목표를 향해 가도록 도와주는 좋은 '습관'을 쌓는 거야. 네가 꾸준히 하는 그 습관이 과정을 채워 나갈 테고, 그 과정을 거치면 목표에 훌쩍 가까워질 거야.

나무 조각품을 생각해 봐. 조각품을 한 번에 완성해 줄 마법의 주문은 없어. 나무를 수백 번 깎아 내고 다듬어야만 원하는 작품이 탄생하지. 우리 목표도 마찬가지야. 매일 조금씩 깎고 다듬는 일은 처음엔 의미 없어 보일지 몰라도 목표한 방향으로 나아가 설정해 둔 목표를 이룰 수 있도록 도와줄 거야!

✧ 습관은 우리가 무의식적으로 반복하는 일상적인 행동이야.

✧ 습관을 형성하는 과정은 신호, 행동, 보상의 세 단계로 이루어져 있어.

✧ 습관은 목표했던 일을 해내고 친구와 우정을 쌓고 몸을 건강하게 만드는 등 우리 삶의 모든 영역에 영향을 미쳐.

✧ 어떤 일을 잘 해내고 싶다면 무슨 습관을 들여야 할지부터 생각해 봐야 해.

## CHAPTER 2

# 어떻게 습관을 쌓아야 할까?

새로운 습관을 들이겠다고 마음먹었지만 뭐부터 해야 할지 막막할 수 있어. 그럴 때는 '작은 것'부터 시작하면 돼. '천 리 길도 한 걸음부터'라는 말도 있잖아. 습관도 마찬가지야. 이번 장에서는 작은 습관을 들이는 방법을 알아볼 거야.

29

## 목표부터 설정하자

작은 습관을 들이려면 목표 이야기부터 하는 게 좋겠어. 무엇이 좋은 목표일까? 좋은 목표는 어떻게 정하는 걸까? 목표는 얼마나 크게 잡아야 할까? 이 모든 질문에 대한 답은 오직 너에게 달려 있어. 목표를 정할 때 옳고 그른 것은 없어. 너에게 중요하고, 네가 더 나은 사람이 되는 데 도움이 될 목표를 정하면 돼.

목표는 단기와 장기 두 가지로 나눌 수 있어. 최종적으로 이루고 싶은 것이 무엇인지를 고려해서 장기적인 목표를 세우는 것도 좋지만, 처음부터 목표가 너무 멀게 느껴지면 시작할 엄두조차 내지 못하고 포기하는 경우도 있어. 이럴 때 단기 목표를 세우면 효과적이야. 단기 목표는 감당할 만하다는 느낌을 주면서 장기 목표에 도달하는 데 필요한 기술과 자신감을 쌓도록 도와줘. 네가 이루고 싶은 목표를 찾기 위해 구체적인 예를 들어 볼게!

## 단기 목표

이번 주든, 다음 달이든, 학기 말까지든, 올해 안이든, 가까운 미래에 이루고 싶은 일이면 뭐든지 단기 목표로 삼을 수 있어. 성적뿐만 아니라 운동, 건강, 취미, 가족관계, 독립적인 사람으로 살고 싶은 욕구 등등 어떤 것이든 가능해. 아래 예시를 참고해 봐.

○ 스포츠 팀에 들어가기
○ 집 근처 파트타임 아르바이트를 구하는 곳에 이력서 제출하기
○ 아침에 혼자 일어나기
○ 5km 달리기 완주하기
○ 학교에서 새 친구 사귀기
○ 이번 중간 고사 때 평균 80점 받기
○ 학교 뮤지컬 오디션 보기
○ 좋아하는 사람한테 말 걸어 보기
○ 수업 시간에 졸지 않기
○ 핸드폰 하루 평균 사용 시간을 2시간 이하로 줄이기
○ 동생과 다투는 횟수 줄이기
○ 에너지 음료 일주일에 한 개만 마시기
○ 올해 책 20권 읽기

## 장기 목표

이루는 데 일 년 이상 걸리는 목표들은 장기 목표에 속해. 가고
싶은 대학에 입학하거나 내년 여름 방학 동안 일할 곳을 찾는 일
등이지. 장기 목표에는 '잘 모르겠다'라는 말이 절로 나올 정도로
먼 미래의 일들도 해당돼. 앞으로 2년, 3년, 5년 내로 이루고 싶은
목표를 생각해 봐. 아래의 예를 참고해도 좋아.

- ◎ 원하는 대학에 입학하기
- ◎ 200만 원 모으기
- ◎ 갭이어 계획하고 실천하기
- ◎ 하프 마라톤 완주하기
- ◎ 소설 공모전에 입상하기
- ◎ 기타 코드 완벽하게 익히기
- ◎ 유튜브 채널 구독자 500명 달성하기
- ◎ 아빠랑 시간을 보내며 가까워지기
- ◎ 혼자서 배낭 여행 가기
- ◎ 축구팀 주전 되기
- ◎ 몸무게 15kg 빼기

## 왜 작은 습관이어야 할까?

인간의 뇌는 너무 힘든 일 앞에서는 동기 부여를 받지 못해. 처음부터 힘들고 익숙하지 않은 일에 도전하라고 이야기하는 것은 1km도 완주해 본 적 없이 10km를 달리는 일처럼 비현실적이지. 뇌는 '이건 불가능해'라고 성질을 내면서 그 일을 하지 않으려고 온갖 변명을 할 거야.

그렇기 때문에 우리는 작은 습관에서 시작해서 더 나은 습관을 쌓자고 뇌를 속여야 해. 긍정적인 변화를 향해 조금씩 천천히 나아가도록 설득하는 거지. 이렇게 하면 네 행동을 습관으로 쭉 이어 가기가 쉬워져. 습관을 만드는 데 있어 매우 중요한 작업이야. "OO을 할 거야"라고 말한 다음 실제로 그 행동을 하면 뇌는 보상으로 도파민이라는 화학물질을 분비해. 뇌는 도파민을 얻고 싶어서 그 행동을 습관적으로 하려고 해.

이를테면 매일 5km를 달리겠다는 목표를 정하기보다 일단 매일 집 주변을 한 바퀴씩 달리는 거야. 그렇게 꾸준히 달리다 보면 습관을 기르는 동시에 '달리는 사람'이라는 정체성이 만들어져. 거기서부터 시작해서 달리기의 강도와 시간을 늘려 나가면 5km를 달리는 일이 훨씬 쉬울 거야.

## 작은 습관 유지하기

습관을 바꾸려고 긍정적인 행동을 한두 번 한 다음 예전의 모습으로 돌아가는 경우도 많아. 그럴 때는 다시 시도하기보다는 쉽게 좌절하고 포기해 버리기 쉬워. 하지만 절대 그래서는 안 돼! 네가 느끼는 감정도 습관을 만드는 과정의 일부야. 새로운 습관을 들이려면 일시적으로 더 많은 에너지와 힘을 쏟아야 해. 이 과정을 조금 수월하게 넘길 수 있는 팁이 몇 가지 있어.

⇨ 네가 들일 수 있는 시간을 현실적으로 판단해야 해. 매일 밤세 시간씩 공부하고 싶은데 농구 연습을 마치고 집에 오면 8시가 넘는다고 생각해 봐. 공부하느라 늦게까지 깨어 있는 건 몸에 좋지도 않고 적절한 방법도 아니야. '내 건강이나 다른 목표를 해치지 않는 적절한 공부 시간은 몇 시간일까?'라고 스스로에게 물어보자.

⇨ 자신이 하겠다고 말한 일을 '끝까지' 해내는 것은 앞으로 네인생에 큰 도움이 될 거야. 그러니 얼마나 빨리 뛰었는지, 숙제를 얼마나 잘했는지에 너무 집착하지 말자. 대신 힘들지만 하겠다고 결심했던 일을 해낸 자신을 인정하고 자랑스럽게 생각하자.

⇨ 할 수 없다고 말하는 네 안의 목소리에 귀기울이지 마. 뇌는 기본적으로 게으르고 변화를 싫어해. 하지만 그 목소리를 애써 무시하고 부정적인 생각에 맞서야 해. 내가 자주 하는 긍정적인 생각을 몇 가지 적어 볼게.

○ 난 해낼 수 있어!

○ 얼마나 잘하느냐는 중요하지 않아. 내가 그걸 한다는 사실이 중요해!

○ 나는 내가 자랑스러워. 오늘은 계획대로 되지 않았지만 내일 다시 해 보자!

◇ 목표를 정하는 일은 어떤 습관을 들이고 싶은지 결정하는 데 아주 중요해.

◇ 작은 습관을 들이는 것부터 시작해 봐.

◇ 작은 습관으로 시작하면 뇌가 행동을 시작하기가 훨씬 수월하고 일을 완수한 뒤 성취감을 느끼기도 쉬워. 우리 스스로 뭔가 해낼 수 있는 사람이라는 정체성을 형성하고 자신감을 얻는 데에도 도움이 되지.

핵심 정리

# 2부

2부에서는 영역별로, 좋은 행동을 습관으로 배게 할 방법을 알아보자. 자신감을 키우고, 잘 자고, 돈을 잘 관리하고, 행복한 관계를 가꾸는 등 멋진 인생을 살기 위한 최고의 습관들을 알려 줄게.

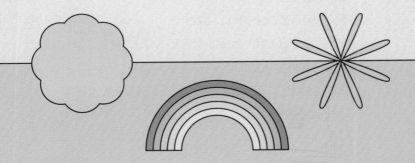

# 작은 습관 만들기

- - - - - - - - - - - - -

## CHAPTER 3

# 어떤 습관부터 쌓아야 할까?

## 기초 습관 다지기

청소년들과 상담할 때 내가 가장 많이 들었던 고민거리는 사람들 사이에서 겉도는 느낌이 든다는 거였어. 이런 느낌은 친한 사람들과 함께 있을 때도 들 수 있어. 비슷한 문제 때문에 괴롭다면 혼자 고민하지 마. 차근차근 습관을 들이면 누구나 사회성을 기를 수 있어. 이번 장에서는 좋은 관계를 맺도록 도와주는 기술들을 소개하고 자연스럽게 습관으로 배게 할 방법을 알려 줄게. 이제 시작해 보자!

좋은 습관을 들이는 것만큼 자신에게 어떤 나쁜 습관이 있는지 아는 것도 중요해! 나쁜 습관이 있으면 관계도 나빠질 수 있는데 그런 적이 있다면 친구에게 꼭 사과하고!

네!!

지훈아, 나는 너랑 이야기할 때마다 네가 핸드폰만 보고 있어서 좀 속상하더라.

미안해! 앞으로는 안 그럴게.

사실 난 친구랑 이야기할 때 눈을 잘 못 쳐다봐서 매일 아침마다 거울을 보면서 연습을 하는 중이야!

헤헤

원우야, 대화할 때 중간에 말을 끊는 건 좋지 않은 습관인 것…

같…
또 말 끊는다!

깔깔깔

앗…

정말!? 몰랐어 미안해!!

**39**

## 대인 관계 기술 익히기

사람들과 어울리는 일이 불편하고 왠지 겉도는 느낌이 드는 건 누구나 겪는 일이야. 청소년기라면 특히 더 그럴 수 있어. 다양한 변화를 겪는 시기이다 보니 자신감도 줄고 정체성 혼란을 겪으면서 힘들 때거든. 나는 누구인지, 무엇을 좋아하는지 고민하다 보면 머리가 아플 지경이지. 하지만 대인 관계 기술을 갈고닦는 일은 여러 건강한 습관을 쌓는 데 있어 아주 중요한 부분이야. 인간은 원래 사회적인 동물이라서 주변 사람들과 어울리면서 자신이 지지받고 있다고 느낄 때 훨씬 더 즐거운 삶을 살 수 있어. 게다가 목표를 세우고 이루기 위해서는 '소통 기술'이 꼭 필요해. 그렇다면 소통을 잘하려면 어떻게 해야 할까?

## 자신감

많은 사람들이 성적, 외모, 친구의 의견, 부모님의 칭찬, 소셜미디어 팔로우 수 같은 외적인 부분에서 자신감을 찾으려고 해. 그런 것에서 자신감의 근거를 찾으려는 태도가 잘못된 건 아니야. 하지만 계속 그러다 보면 지치기 마련이고, 실패하고 판단받고 거부당할지도 모른다는 두려움 때문에 엄청나게 불안해지기도 해. 이런 상황이 계속된다면 너무 힘들겠지?

우리의 가치는 외부가 아닌 우리 내부에 있어. 이 세상 그 누구도 빼앗아 갈 수 없는 것이지. 자신감은 이 사실을 이해하는 데서 나와. 너는 존재 자체만으로도 소중해. 우리는 모두 마음속에 비평가를 한 명씩 두고 있는데, 내면 비평가의 근거 없는 말들을 믿기 시작하면 다른 사람들도 나를 그렇게 비판하고 평가할지도 모른다는 생각에 두려워하는 습관이 생기고 어른이 되어서도 그 습관은 고치기 어려워.

## 감정 알아차리기

친구를 만나서 신이 났을 때의 반응과 친구가 한 말에 화가 났을 때 네 반응을 떠올려 봐. 각 상황에서 너의 목소리 톤이나 몸짓은 완전히 다를 거야. 이렇게 '감정'은 '행동'을 이끌어 내. 어떤 상황에 대해 어떻게 반응해야 할지 알고 싶다면, 어떤 감정을 느끼는지, 왜 그런 식으로 느끼는지를 먼저 알아차릴 필요가 있어. 감정의 원인은 우리가 처음 생각한 것과 다를 때가 많아. 예를 들어, 나는 내가 느끼는 감정의 원인이 나에게 일어났던 일에 있다고 믿으며 자랐지. 하지만 그게 아닐 수도 있어. 이번 장에서는 우리가 느끼는 감정의 진짜 원인을 알아볼 거야. 내가 느끼는 감정의 정확한 원인, 이유를 알면 힘든 상황에 직면하더라도 무기력한 느낌이 덜할 테고 감정을 조절하기도 수월해질 거야.

## 비언어적 신호

혹시 동생이 화가 났거나 친구가 불안해하는 것을 말 한마디 나눠 보지 않고 알아챈 경험이 있니? 네가 말을 걸었는데 두 손으로 머리를 감싼 채 식탁에 팔을 괴고 앉아 있거나, 주머니에 손을 찔러 넣고 딴 곳만 바라보고 있었을지도 몰라. 그런 것들이 바로 비언어적 신호야. 말이 아닌 다른 방식으로 일어나는 의사소통이지. 우리는 매일 무의식적으로 비언어적 신호를 해석하고 있어. 연구에 따르면 우리가 하는 의사소통 중 70%가량이 비언어적 소통이라고 해. 목소리 톤, 몸짓, 표정 등으로 생각이나 감정을 교류한다는 뜻이지.

다른 사람들의 비언어적 신호를 잘 읽어 내는 기술은 사회성을 발달시키는 데 아주 중요한 요소야. 그뿐만 아니라 자신의 비언어적 신호, 특히 몸짓과 눈 맞춤이 상대방에게 어떤 식으로 읽힐지도 잘 생각해야 해. 대부분의 비언어적 신호는 무의식 중에 발생하지만, 우리는 비언어적 신호가 다른 사람들을 존중하는 방향으로 표현되도록 세심하게 관찰하고 조정하는 방법을 익혀야 해. 다른 사람들이 우리에게 그렇게 해 주기를 바라는 것처럼 말이야. 그렇게 하면 우리의 의사소통은 훨씬 풍부해지고 좋은 관계들을 오래 유지할 수 있을 거야.

## 적극적으로 경청하기

친구에게 뭔가 중요한 이야기를 하려는데 친구가 계속 핸드폰만 들여다보면서 네 말에 관심을 기울이지 않는다고 생각해 봐. 기분이 어떨까? 썩 좋지는 않겠지? 허공에 대고 이야기하는 걸 좋아하는 사람은 없을 거야. 요즘엔 우리의 관심을 사로잡는 것들이 너무 많아서 누군가에게 집중하는 일이 더 어려워. 하지만 상대방의 말에 적극적으로 귀 기울이는 태도는 좋은 친구가 되기 위한 필수 조건이야. 관심을 기울이고 듣고 있다는 것을 분명하게 보여 주면 말하는 사람은 자신이 존중받는다고 느낄 거야.

## 공감

공감이란 다른 사람의 입장이 되어 그 사람이 어떻게 생각하고 느낄지 상상하는 능력이야. 공감은 다른 사람을 이해하고 서로 신뢰를 쌓게 하는 강력한 능력이지. 동정심은 다른 사람의 처지를 안타깝게 여기는 마음이고, 공감은 '네 마음을 알아'라는 말에 더 가까워. 상대방과 정확히 똑같은 경험을 하지 않았더라도 우리는 무기력하거나 실망스러운 기분이 어떤 건지 알아. 상대방에게 공감을 표현하면 그 사람은 이해받고 있다고 느낄 거야. 그건 특별한 능력이 아니야. 우리는 모두 그런 능력을 발휘할 수 있어.

## 자신감 가지기

자신감 있는 사람은 자신의 모습을 인정하고 다른 사람들을 있는 그대로 받아들일 줄 알아. 자신감을 '내가 너보다 더 나아'라는 오만함과 혼동해서는 안 돼. 사람은 누구나 독특하고 각자의 개성이 있어. 그러니 '더 낫다'라는 말은 옳지 않아! 자신감은 이 사실을 아는 데서 나와.

그런데 문제는 우리의 뇌가 굉장히 자기 비판적인데다 끊임없이 다른 사람들의 능력이나 성취나 외모를 자신과 비교한다는 거야. 이런 특성 때문에 우리는 늘 스스로 '볼품없다'라고 느껴. 결국 남에게 인정받기 위해 자신의 내면보다는 다른 사람에게 보여지는 것에 집중하지. 다른 사람들이 나를 좋아하고 인정하는지에 집착하기도 해.

하지만 이런 상황이 계속되면 타인이나 다른 무엇인가에 의존하게 되기 때문에 자존감이 낮아져. 그야말로 악순환이 벌어지는 셈이야. 결국 계속 실수하거나 거절당하거나 실패하거나 너를 좋아하지 않는 사람들과 어울리게 돼. 그렇다 해도 걱정할 것 없어. 우리에게는 자신감을 키울 능력이 있거든. 진정한 자신감은 자신의 의견이 가장 '중요하다'는 사실을 아는 데서 나와!

실수, 실패, 거절이 성공을 가로막을 거라고 두려워하고 자신의 능력이 정해져 있다고 믿는 대신(이런 걸 '고착형 사고방식'이라고 불러) '성장형 사고방식'을 장착해 보는 거야. 성장형 사고방식은 심리학자 캐롤 드웩이 만든 용어인데, 실패하거나 실수할 수도 있고 다른 사람들에게 좋지 않은 평가를 받을 수도 있다고 여지를 남겨 두는 사고방식이야. 성장형 사고방식을 가진 사람들은 실패할 때마다 무언가를 배우고 능력을 향상시킬 기회로 여기고 다음에는 더 잘할 수 있을 거라고 생각해. 그런 사람들은 시도조차 하지 않는 것이야말로 진정한 실패라고 여기지.

물론 새로운 것을 시도하거나 다른 사람들의 평가를 받아들이는 데에는 용기가 필요해. 그럼에도 불구하고 끝까지 해내기 위해서는 자신이 가치 있게 여기는 것이 무엇인지, 세상에서 무엇을 받아들일지를 분명히 해야 해. 그래야 어떤 일을 하면서 부정적인 감정이 든다고 해도 굴하지 않고 자신의 가치관에 맞는 행동을 할 수 있어.

무엇을 성취했는지에만 관심을 두지 말고, 있는 그대로의 자기 모습과 가치관에 자부심을 갖고 스스로를 존중하며 자신감을 점차 쌓으면 자신이 계획하는 일이 꽤 괜찮다는 생각이 들거야. 어떤 실패와 거절도 너의 가치를 깎아내리지 못해. 결국에는 그런 경험에서 배운 교훈 덕분에 재미있고 멋진 일을 더 많이 해낼 수 있을 거야.

# 질문을 뒤집어 보자

누군가 너를 좋아하느냐 그렇지 않느냐는 네 노력에 달린 일이 아니야. 자신이 통제할 수 없는 일에 신경을 쓰면 불안한 마음이 들기 마련이지. 그럴 때는 질문을 뒤집어서 통제할 수 있는 것에 집중해 보자. '나는 그 사람의 어떤 점을 좋아하지?'라는 식으로 말이야.

스스로 통제할 수 있는 일에 집중하면 그렇지 않을 때보다 훨씬 힘이 나. 다른 사람에게서 장점과 흥미로운 점을 발견하려고 노력하는 일은 자신에게도 도움이 돼. 사람들은 자신에게 호감을 보이는 사람을 좋아하기 마련이야. 그야말로 윈윈 전략인 셈이지!

이걸 습관으로 만들 때도 똑같이 적용해 볼 수 있어. 다음번에 '그 사람들이 나를 좋아할까?'라는 질문이 떠오르면(신호), 이것을 계기 삼아 '나는 그 사람들의 어떤 점을 좋아하지?'라고 자신에게 질문하는 거야(행동). 이 질문은 너에게 힘을 실어 줄 거야. 그러면 불안한 마음이 가라앉으면서 그 사람에게 호기심이 생기고 편안한 마음으로 대화를 시작할 수 있을 거야(보상).

# 나의 장점을 찾아보자

저절로 떠오르는 부정적인 생각 탓에 우리는 자기비판적이고 부정적인 생각에 휩싸이기 쉬워. 이걸 피하려면 나라는 존재가 놀랍고 유능하다는 증거를 찾으라고 (일부러라도) 뇌에게 지시를 내려야 해!

다이어리나 공책, 컴퓨터나 핸드폰의 메모장을 열고 맨 윗줄에 이렇게 적어 봐. "나는 존재 자체로 충분하다. 그 이유는…."

일상생활이나 과거 경험에서 내 존재가 있는 그대로의 모습으로 세상에 이롭다는 사실을 증명해 줄 만한 증거를 의도적으로 찾아보는 거야! 한 달이든 두 달이든 기간을 정해 두는 게 좋아. 증거를 찾았다면 매일 빼놓지 않고 기록해 봐. 정말 사소한 것도 괜찮아. 그날 별생각 없이 했던 일이나 자신에게서 발견한 무엇일 수도 있겠지. 기록하는 습관을 들이려면 노트를 눈에 잘 보이는 곳에 두고 시간을 정해 놓고 기록해 봐. 꿀팁을 주자면, 양치질처럼 이미 습관이 된 일 다음에 하면 까먹지 않고 할 수 있어.

# 값진 실패를 칭찬하자

실패했을 때 빠르게 이겨 내고, 결과가 보장되지 않는 상황에서도 자신감 있게 행동하려면 '이번 주의 값진 실패'를 칭찬해 보는 거야. 값진 실패란 자신의 가치관과 일치하지만 딱히 도움이 되지는 않았던 행동을 말해. 그런 행동을 왜 칭찬해야 할까? 두려움을 느끼는 상황에서도 자신의 의지에 따라 행동했기 때문이야. 두려움에 굴복해 아무런 행동도 하지 않는 것이야말로 진정한 실패니까.

　네 방 벽에 화이트보드(또는 큰 종이)를 붙이고 '이번 주의 값진 실패'라고 크게 적어 봐. 핸드폰에 알람을 설정해 두고 매주 금요일 오후 마지막 수업이 끝난 뒤에 한 주를 돌아보면서 그간 겪은 값진 실패들을 기록해 봐.

## 감정 알아차리기

'감정 알아차리기'는 자신의 감정과 그 감정이 일어난 원인이 무엇인지 알고, 그 감정이 다른 사람과의 관계를 해치지 않도록 건강하게 다룰 줄 아는 능력이야. 사람이나 환경이 우리 감정의 원인이 아니라는 점을 이해하는 것 역시 감정을 인식하는 데 큰 부분을 차지해.

홀로코스트 생존자이자 정신과 의사였던 빅터 프랭클은 이런 말을 남겼어. "자극과 반응 사이에 공간이 있고 그곳에 인간의 가장 큰 힘이 있다." 빅터 프랭클이 말하는 공간은 우리의 정신을 뜻해. 즉, 감정을 만들어 내는 것은 외부에서 일어나는 일이 아닌 우리의 생각이야. 상황 자체가 감정의 원인이라면 같은 상황에 놓인 사람은 모두 똑같은 감정 경험을 하겠지. 다들 상황을 다르게 해석하기 때문에 느끼는 감정도 모두 다른 거야.

외부에서 일어나는 일은 바꾸기 어려운 경우가 대부분이지만, 그 일을 어떻게 받아들일지는 우리가 정할 수 있어. 즉, 자신을 정확하게 앎으로써 비난 모드에서 벗어나 스스로의 감정에 책임져야 한다는 뜻이지. 반사적으로 반응해서 당황하기보다 의도적으로 자신의 반응을 '선택'해야 해.

어떤 감정이 되었든 감정을 있는 그대로 바라보고 느끼는 것은 문제가 되지 않아. 다만 그런 감정에 무조건 반응하는 것이 아니라 그저 감정이 지나가도록 두는 것 또한 선택 가능하다는 점을 알아 두었으면 좋겠어. 이 기술이야말로 자기 인식과 자기 관리의 끝판왕이야.

어떤 감정 때문에 굉장히 불편할 수는 있지만, 감정은 너에게 상처를 줄 수 없어. 감정을 과학적으로 분석해 보면 몸속에서 일어나는 화학 반응일 뿐이라는 결론이 나와. 그런 화학 변화를 일으키는 원인은 우리의 생각이지. 감정에 맞서 싸우지만 않는다면 모든 감정을 감당할 수 있어. 특정한 상황에서 감정 변화를 겪을 때 이렇게 하면 효과적이야. 먼저, 처음 느낀 감정이 몸을 훑고 지나가도록 두는 거야. 그런 다음, 준비가 되었을 때 네가 그 상황에 어떤 의미를 부여하는지 곰곰이 생각해 봐. 그런 다음 그 상황을 현실적이고 객관적으로 판단하고 너와 다른 관계를 위해 좀 더 나은 결과를 만들어 낼 방법이 있을지 스스로 질문해 보는 거야.

네 생각이 감정을 만든다는 사실을 이해하고 나면, 부정적인 감정을 처리하고 주어진 상황을 제대로 판단할 시간을 내는 일도 가능해. 이게 익숙해지면 다른 상황을 마주하는 일이 더 이상 두렵지 않기 때문에 인생이 조금은 쉽게 느껴질 거야. 결국 주도권을 쥔 쪽은 너라는 것을 기억해. 그래야 갑자기 닥친 일에 휘둘리는 대신 침착하게 제대로 대처할 방법을 찾아 해결할 수 있어.

# 멈춰서, 묻고, 따져 보자

지금부터는 감정을 관리하는 전략을 소개할게. 멈춰서, 묻고, 따져 보자는 '멈·묻·따' 전략인데, 이 전략은 감정에 단순히 반응하는 대신 감정을 통제하는 습관을 기르는 기술이야.

**멈추기**  감정이 롤러코스터를 탈 때는, 바로 반응하기 전에 잠시 멈추고 호흡을 가다듬어 봐. 외부가 아닌 내면에 집중하는 훈련을 하는 거야.

**묻기**  "무슨 생각 때문에 이런 감정을 느끼는 걸까?" 이 질문은 자신의 관점을 인식하는 데 도움이 돼. 그러면 그 순간의 감정과 반응을 이해할 수 있어.

**따져 보기**  그 생각이 사실이라는 증거를 찾기 위해 곰곰이 따져 보는 거야. 자신의 생각이 거짓이라는 사실을 깨달으면 그 생각은 힘을 잃고 부정적인 감정도 사그라들 거야. 넌 새롭고 유익한 관점을 갖게 되겠지.

이제 연습해 보자. 관리하고 싶은 감정 반응을 하나 적고 '멈·묻·따' 전략의 각 단계에 따라 답을 적으면서 감정을 통제할 능력을 되찾아 보는 거야!

# 감정에 관한 네 가지 진실

우리는 감정이 영원하고, 개인적이며, 강하다고 믿는 경향이 있어. 이런 믿음은 사실 근거가 없어. 오히려 그렇게 믿기 때문에 감정이 강렬해지는 면도 있어. 다음에 나오는 감정에 관한 네 가지 진실을 기억해 두자.

**1. 일시적이다**  감정은 우리가 특정한 상황을 두고 마음속에서 만들어 내는 이야기 때문에 생겨. 우리는 그 이야기가 어떻게 흘러갈지 스스로 결정할 수 있어. 영원히 부정적인 감정에 갇혀 있을 이유는 없다는 거지.

**2. 견딜 만하다**  극심한 공포와 불안 같은 감정은 불편하지만 견뎌 낼 수 있어. 참을 수 없는 정도의 감정은 아니라고 받아들이면 마음이 편해져. 이 방법은 그런 감정 때문에 겪는 고통도 견딜 만하다는 것을 깨닫게 해 줘.

**3. 특별할 게 없다**  불안, 걱정, 스트레스는 너만 느끼는 특별한 감정이 아니야. 네 삶이 잘못되고 있다는 신호도 아니지. 생각이

떠올랐다가 사라지듯, 감정도 차올랐다 빠져나갈 수 있는 틈을 줘 보는 건 어떨까? 하나의 경험일 뿐이라고 자신을 다독이면서 말이야.

**4. 온전히 나에게 달렸다** 생각은 그저 생각일 뿐이야. 내가 원하면 언제든지 다른 생각을 할 수 있어. 내 머릿속에 떠오르는 문장들이 감정을 만들어 낸다는 사실을 기억해.

이 네 가지 진실을 기억하면서 숨을 깊게 들이마셨다가 내쉬어 봐. 심호흡과 함께 감정도 몸 밖으로 흘러 나가도록 두는 거야.

# 남 탓하지 않고 감정 표현하기

건강한 관계를 만들기 위해서는 네가 어떻게 생각하고 느끼는지 상대방에게 솔직하게 표현할 수 있어야 해. 생각과 감정을 표현 하는 데에도 도움이 되는 (또는 도움이 덜 되는) 방식이 있어. 어떤 생각을 하거나 감정을 느끼는 원인을 다른 사람 탓으로 돌리 면서 공격하고 말싸움하고 싶은 사람은 없을 거야.

내가 느낀 감정의 원인을 남에게 돌리지 않고, 내 생각이 무조건 진실이라고 주장하는 것은 아니라는 점을 분명히 하면 상대방은 마음이 훨씬 편해질 거야. 그러면 마음을 열고 차분하게 건강한 대화를 나눌 가능성도 커져. 하지도 않은 생각이나 행동으로 비난받으면 반격하고 싶은 마음이 드는 것은 당연해.

"너 때문에 기분이 _____해"라는 말이 나오려고 할 때마다, 이렇게 말해 봐. "솔직히 말하면 나는 _____한 기분이야. (너의 행동)을 보니까 나는 _____한 생각이 들어."

이 방식에 익숙해지려면 얼마간 연습이 필요할지도 몰라. 하지만 이 방식에 익숙해져 의미 있는 대화를 이어 간다면, 그 경험이 보상이 될 테고 시간을 들여 연습할 가치가 충분한 습관이라는 사실을 깨닫게 될 거야. 네 인생의 관계들이 더 건강해질 거야!

## 속뜻 읽어 내기

비언어적 신호는 언어가 지닌 한계를 넘어서는 의사소통 방식이야. 이런 신호들은 다른 사람이 어떻게 생각하고 느끼는지 알 수 있는 중요한 단서를 제공해 줘. 대화하는 동안 상대방의 속뜻을 읽어 내는 데 필요한 비언어적 신호는 대개 목소리 톤, 표정, 몸짓 언어, 세 가지야.

## 목소리 톤

다른 사람들과 잘 지내려면 사람들이 하는 말의 내용뿐만 아니라 말하는 방식에도 주의를 기울여야 해. 그러면 상대방의 진짜 감정을 놓치지 않고 적절히 반응할 수 있어. 특히 누군가를 도와야 하는 상황일 때 상대방이 어떤 식으로 말하는지 잘 살피면 상대방의 속뜻을 파악하는 데 큰 도움이 돼. 친구가 "난 괜찮아"라고 낮게 중얼거린다고 생각해 봐. 친구의 목소리 톤을 들어 보면 실은 괜찮지 않다는 사실을 알 수 있어. 그럴 때는 혼자 괴로워하도록 내버려 두기보다 뭔가 도와줄 일이 있는지 물어보는 게 좋겠지.

## 표정

표정에는 매우 많은 감정과 의미가 담겨 있어. 그걸 알아채지 못하거나 잘못 해석하면 갈등이나 오해가 생기기도 하지. 친구가 얼굴을 찡그리고 이마에 주름을 만들며 마음이 상했다는 표정을 짓는데도 너는 계속 친구를 불편하게 만드는 농담을 하는 경우를 예로 들 수 있겠지. 다른 사람의 표정을 읽어 내는 능력은 더욱 친밀한 관계로 나아가기를 원한다면 꼭 필요한 기술이야.

## 몸짓 언어

보디랭귀지라고도 부르는 몸짓 언어는 자세, 태도, 시선 등을 사용해 생각과 감정을 표현하는 의사소통 방식이야. 사람들과 어울려야 하는 상황에서 친근하게 다가가지 못하고 겉도는 느낌이 든다면, 손가락을 꼼지락거린다든가, 핸드폰만 보고 있다거나, 옷을 만지작대거나, 얼굴을 만지거나, 고개를 숙이거나, 다른 사람과 눈을 마주치지 못하고 먼 산만 바라보는 행동을 하게 될 가능성이 높아. 상대가 그런 너의 모습을 본다면, 부정적인 인상을 받거나 산만하다고 느낄 수 있어. 자신의 모습과 행동에 집중하면 상황에 맞는 몸짓 언어를 사용해서 원하는 모습과 태도를 갖출 수 있어. 설령 그 순간 느끼는 감정은 그렇지 않더라도 말이야.

자신의 몸짓 언어에 신경 쓰면서 다른 사람의 몸짓 언어를 읽는 능력은 일상생활에서 사람들과 소통하고 친밀한 관계를 쌓기 위한 핵심 기술이야.

# 거울아 거울아

대화할 때 긴장하는 스타일이라면 상대방의 눈을 잘 보지 못할 수도 있어. 하지만 눈을 마주 보지 않으면 상대방은 자신에게 집중하지 않는다는 생각이 들어서 마음이 불편할 수 있어. 사람들과 대화할 때 눈을 맞추는 작은 습관을 길러 보자. 사람들은 보통 3~4초가량 눈을 맞춘 뒤 잠시 다른 곳을 바라보고 다시 눈을 맞추는 경향이 있어.

매일 아침 양치질을 할 때(신호) 거울에 비친 자신의 눈을 3초 정도 보고 다른 곳을 봤다가 다시 눈을 보는 연습을 해 봐(행동). 이렇게 하면 쉽고 간단하게 눈을 맞추는 연습을 할 수 있고 곧 그 행동에 자신감이 생기기 시작할 거야(보상). 거울로 요령을 터득하면, 편한 사람과 눈을 맞추는 연습을 해 보자.

**MINI HABITS**

# 주머니에서 손을 빼자

누군가와 대화하면서 어색한 기분이 들거나 손을 어떻게 해야 할지 몰라서 주머니에 넣고 싶을 때가 있어. 하지만 그런 행동은 자신감이 없어 보일 뿐만 아니라 이상하게 비칠 수 있어. 그럴 의도가 없었는데 신뢰할 수 없는 사람으로 여겨지거나 상대의 말을 받아들이지 못하는 인상을 주고 싶은 사람은 없을 거야. 그럴 때에는 아주 작은 습관 하나만 연습해도 도움이 돼.

상대방이 말하는 동안 자신이 손을 주머니에 찔러 넣고 있다는 걸 알아챌 때마다(신호) '상자 안'이라는 말을 떠올려 봐. 그 즉시 손을 밖으로 뺀 다음, 가슴 위와 허리 사이에 가상의 상자가 있다고 생각하고 그 안쪽 공간에서 손동작을 하는 거야(행동). 커뮤니케이션 전문가들에 따르면 가슴 위에서 허리 사이의 공간은 상대방의 집중을 흐트리지도 않고 위협적이라는 느낌도 주지 않으면서, 말하는 사람의 자신감(보상)을 드러내는 손동작을 하기에 좋은 위치야.

# 비언어적 신호를 살피자

우리는 비언어적 신호를 잘 표현하고 싶어 하는 동시에 다른 사람의 신호를 읽어 내고 싶어 해. 익숙한 장소에서 이 연습을 시작해 보자. 집이 가장 좋겠지.

앞으로 한 달간 식탁 앞에 앉으면(신호) 가족들의 표정과 몸짓 언어와 목소리 톤에 집중해 보는 거야. 기분에 따라 비언어적 신호가 어떻게 변하는지를 자세히 살펴봐. 그러면 신호 뒤에 감춰진 감정을 추측해 볼 수 있어. 예를 들면, 남동생이 좋아하는 사람이 없다고 말하지만 얼빠진 표정으로 웃는다거나 목소리 톤에서 비밀스러운 느낌이 묻어난다면 말과는 다를 가능성을 점쳐 볼 수 있겠지! 몸짓 언어를 살펴보면 말하는 내용의 표면적 의미뿐만 아니라 속뜻을 알아챌 수 있기 때문에 풍성한 대화를 할 수 있고, 대화에 훨씬 더 집중할 수 있을 거야. 하지만 너무 넘겨짚는 식은 안 돼. 비언어적 신호가 보내는 단편적인 내용들에 집중하고 더 깊은 이야기는 적당한 때에 따로 시간을 내는 게 좋아.

## 적극적으로 경청하기

적극적 경청은 상대방에게 완전히 집중하면서 대화에 몰입하는 중요한 사회적 기술이야. 상대방의 말을 가만히 듣는 걸 넘어서 깊이 공감하고 반응하는 거지. 자신이 말하는 중이 아니더라도 활발히 대화를 나누는 상태인 셈이지. 상대의 말을 귀 기울여 들으면 상대방은 자신이 가치 있다고 느낄 뿐만 아니라 마음이 편해지고 기분도 좋아질 거야. 다른 사람과 교감하면서 잘 맞는다고 느낄 때 뇌에서 기분을 좋게 해 주는 화학물질인 세로토닌이 분비되기 때문이지.

대화 중에 주의가 산만해지면 불필요한 논쟁이 벌어지거나 상대방의 말을 오해하기 쉬워. 적극적 경청을 연습할 때 신경 써야 할 점들이 몇 가지 있어. 먼저, 상대에게 공감하는 반응을 보이면서 질문하되 말하는 중간에 끼어들지 말아야 해.

## 끼어들지 않기

이야기하는 도중에 끼어들면 이야기를 하는 사람은 자신이 존중받지 못한다고 느낄 수 있어. 자신의 말을 들을 가치가 없는 것으로 여긴다거나 네가 하려는 말만 중요하게 생각한다고 오해할지도 몰라. 너는 그럴 의도가 없었더라도 상대방의 말을 끊고 이야기할 시간을 주지 않았으니 오해할 가능성이 커. 네가 상대방의 말에 동의하지 않더라도, 그 사람에게는 방해받지 않고 자신의 의견을 표현할 권리가 있어. 건강한 관계를 맺으려면 끼어들고 싶은 충동을 잠시 누르고 상대방이 하는 말에 귀 기울여야 해.

## 질문하기

의미 있는 대화를 나누고 싶다면 상대방이 말하는 것과 관련이 있는 질문을 해 봐. 상대방에게 질문을 하는 것은 "잘 들었어요. 거기에 대해 좀 더 알고 싶은 부분이 있어요"라는 뜻을 분명히 보여주는 효과가 있어. 내가 코치하는 아이 중에는 질문을 하면 똑똑해 보이지 않을 거라고 생각하는 아이들도 있었어. 특히 이해하지 못한 것을 설명해 달라는 질문을 할 때 더 그렇게 느낀다고 했어. 절대 그렇지 않아! 질문하는 건 더 알고 싶은 마음이 들 정도로 관심이 있고 말해 준 것을 제대로 이해하고 싶다는 사실을 보여 줘. 질문을 해서 상대방에 대해 많은 것을 알면 계속해서 신뢰를 쌓아 나갈 수 있을 테고, 상대방은 용기를 얻어 자신의 생각과 감정을 더 풍부하게 나눌 수 있겠지.

## 동조하기

동조하기는 상대방이 한 말을 거울로 반사하듯 따라 해서 메시지를 이해하고 받아들였다는 사실을 확인시켜 주는 대화 기술이야. '미러링'이라고도 부르지. 앵무새나 메아리처럼 상대방이 하는 말을 토씨 하나까지 따라 하라는 뜻은 아니야. 그보다는 상대방이 표현하려는 깊은 감정과 의미를 요약하는 행동에 가까워. 듣는 사람이 동조하면 말하는 사람은 자기 뜻이 잘 전달되고 있다고 생각할 거야. "어젯밤에 내가 한 말 때문에 상처받았겠네. 미안해"라거나 "들어 보니 다시 기회를 얻지 못해서 억울했겠다"라는 말이 좋은 예가 되겠지.

누군가의 말에 진심으로 귀 기울이면서 이해한다는 반응을 보여 주는 일은 훈련이 필요한 기술이야. 시간은 걸리겠지만 너의 관계들을 건강하게 만드는 데 도움이 될 테니 노력할 가치가 충분해!

# 식사 시간에는 핸드폰을 치워 두자

요즘엔 가장 친한 친구와 있을 때조차 핸드폰 알림 때문에 집중하지 못하는 경우가 많아. 누군가와 식사할 때(신호), 가능하면 핸드폰을 무음으로 설정하고 다른 곳에 두거나 혹은 책가방이나 주머니에 넣고 같이 있는 친구에게 온전히 집중해 보자(행동). 지금 나누는 대화가 얼마나 흥미진진한지, 나는 상대방에게 얼마나 적극적으로 말을 걸고 있는지 관심을 기울여 봐. 사람의 뇌는 다른 사람과 친밀하게 교류하는 동안 세로토닌(보상)이라는 행복 호르몬을 분비해. 이 경험은 핸드폰을 멀리 두는 것도 꽤 괜찮다는 사실을 깨닫게 해 줄 거야. 더불어 네 곁에 있는 사람들과 훨씬 가까워지겠지!

# 듣고 있다고 알려 주자

대화 도중 상대가 잠깐 멈췄을 때 긍정하는 말로 반응하면 상대 방의 말에 적극적으로 귀 기울이고 있다는 것을 알려 줄 수 있어. 기껏 말했는데 옆 사람과 다른 이야기를 한다거나 침묵만 감돈다 면 너무 어색하겠지? 상대방의 말에 수긍하는 습관은 능숙하게 대화를 이어 가는 데 도움이 되는 기술이야!

선생님이든 엄마든 남동생이든 모임에서 막 만난 누군가든, 대 화를 나눌 때 상대방의 눈을 적절히 마주치면서 잘 듣고 있다고 알려 주자. 간단히 "그래, 무슨 뜻인지 알겠어"라든가 작게 "맞아, 그렇지"라고 말하면서 고개를 끄덕이면 네가 관심 있다는 사실을 드러내는 동시에 상대방은 이해받고 있다는 느낌을 받을 거야. 그런데 형식적으로, 영혼 없이 하는 행동은 안 하느니 못하겠지. 사실 이런 행동은 마음을 담아서 적극적으로 경청할 때 저절로 나 오게 돼.

# 대화 중간에 끼어들지 말자

이 내용은 너무 중요해서 한 번 더 이야기하려고 해. 대화를 할 때 반드시 지켜야 할 중요한 습관은 중간에 끼어들고 싶은 충동을 끊어 내는 일이야. 생각난 것을 불쑥 내뱉고 싶은 충동을 느낄 때마다(신호), 잠시 멈춰서 상대방의 말이 다 끝났는지 확인해(행동). 이렇게 하면 불필요한 긴장 상황을 피할 수 있어(보상).

끼어들기 전에 스스로 알아차리고 멈추는 일은 꽤 어렵겠지만 연습하면 분명히 할 수 있을 거야. 네가 말하는 중간에 누군가 끼어들어 방해하면 얼마나 불쾌할지 떠올려 봐. 그것만으로도 충동적으로 끼어들지 않고 멈출 동기가 생길 거야! 예를 들어, 부모님과 의견이 다르거나 선생님에게 지적받으면 방어적인 태도를 취하고 중간에 반박하고 싶은 마음이 들기 쉬워. 어른에게 공손한 태도를 갖춰야 한다는 미덕과 별개로 이건 관계에 유익한 습관은 아니야. 부모님이나 선생님이 말을 마칠 때까지 반박하고 싶은 충동을 억누르고 그분들을 존중하는 태도를 갖춰 보자. 하고 싶은 말은 상대방의 이야기가 끝난 다음에 해도 충분해. 이런 태도가 몸에 배면 훨씬 더 좋은 관계를 유지할 수 있을 거야.

## 공감하기

공감은 상대방의 말이나 행동에 즉각적으로 반응하기 전에 상대의 관점으로 생각해 보고, 그 사람에 대해 섣불리 판단하지 않고 그대로 받아들이는 일이야. 핵심은 내가 무엇을 봤든 그 친구와 얼마나 오래 알고 지냈든 간에, 나는 그 사람의 경험과 상황을 정확히 알지 못한다는 사실을 아는 데 있어.

우리는 그 상황을 실제로 겪어 보지 않았기 때문에 그 사람의 행동이나 반응이 합리적이지 못하다고 생각해 버리기가 쉬워. 하지만 그렇게 쉽게 사람들의 생각이나 감정이 틀렸다고 넘겨짚어서는 안 돼. 우리는 모두 다른 환경에서 자랐고, 각자 다른 경험과 가치관을 지니고 있어. 공감은 사람들이 각자의 방식으로 느끼도록 공간을 내어 주는 일이자 모든 사람의 관점과 감정이 나름 합당하다는 사실을 이해하는 일이야.

관계는 공감을 통해 풍성해져. 다른 사람에게 공감할 수 있는 기회는 항상 우리 곁에 있어. 비행기 안에서 큰 소리로 울어 대는 아기와 당황해서 아기를 달래려는 엄마 옆에 앉을 수도 있어. 화가 나서 인상을 잔뜩 쓴 채 아기 엄마를 째려보고 싶은 마음이 들지 몰라. 하지만 이런 상황이야말로 공감 능력을 발휘해야 할 때야. 만약 내가 저런 상황에 놓인 엄마라면 어떤 기분일지 스스로 질문해 보자. 과연 저 상황에서 사람들에게 비난받고 싶을까?

답은 "아니요"겠지? 곤란한 상황에서 다른 사람의 비난을 받고 싶은 사람은 아무도 없어. 바로 여기서 친절과 연민을 바탕으로 상황을 다시 보는 거야. 일이 뜻대로 되지 않아 온갖 감정에 휩싸인 기분이 어떨지 공감하기 위해 직접 그 상황 속에 들어갈 필요는 없어. 공감하는 걸 우선순위에 두고 그 사람을 향해 마음을 여는 것으로 충분해.

# 상대방의 입장 되어 보기

공감하는 습관을 들이는 가장 쉬운 방법은 "만약 나였다면?" 하고 자기 자신에게 묻는 거야. 누군가를 판단하거나 비난하고 싶은 마음이 들 때마다 스스로에게 이 질문을 해 봐.

언니가 남자 친구에게 차여서 울고 있다고 생각해 보자. 넌 그 남자를 늘 별로라고 생각했기 때문에 언니에게 그따위 남자 때문에 울지 말라면서 그런 사람이랑 만난 것 자체가 어리석었다고 말해 주고 싶어. 하지만 그렇게 말하는 대신, 잠시 멈춰서 누군가가 너에게 그런 식으로 말하면 좋을지 질문해 보는 거야. 답은 당연히 "아니요"겠지. 슬퍼하는 사람에게 이러쿵저러쿵 판단하는 말은 전혀 쓸데없을 테니까. 두 팔 벌려 언니를 꼭 안아 주면서 마음껏 울게 두면 어떨까? 네가 언니의 입장이라면 그런 걸 원할 거야. (물론 사람마다 원하는 게 다를 수는 있을 거야.)

이제 연습해 보자. 최근 누군가 때문에 실망하고 좌절했던 때를 떠올려 봐. 다이어리나 핸드폰의 메모 앱을 열고 "내가 그 사람의 상황이었다면 상대방이 어떻게 반응하길 바랐을까?"라고 질문하고 생각나는 답을 적어 봐. 아마 너 역시 공감해 주기를 바라지 너를 판단하는 걸 원하지는 않을 거야.

# 일기장에 솔직하게 털어놓기

누군가의 행동 때문에 부정적인 감정이 들 때마다 일기장에 솔직하게 기록해 봐.

**1** 내 이해심을 최대한 발휘한다면, 그 행동을 어떻게 볼 수 있을까?

**2** 그 사람의 반응이 과거의 상처나 두려움 때문이라면 나는 그 행동을 어떻게 볼 수 있을까?

**3** 이타심을 가지고, 우리 모두가 때때로 벅찬 일을 감당하며 살아가는 인간이라는 점을 생각해 본다면, 당시 상황을 어떻게 받아들일 수 있을까?

# 유산 리스트 만들기

네가 가장 가치 있다고 생각하는 것, 그리고 세상에 남기고 싶은 유산은 뭐야? 그것을 바탕으로 어떤 사람이 되고 싶은지 신중하게 생각해 보자. 이 방법은 의사소통 능력을 키우는 데 효과적이야. 네가 사람들과 소통하고 어떤 행동을 할 때마다 네가 중요하다고 생각하는 것을 떠올릴 수 있기 때문이지. '유산 게시판'을 만들어서 매일 바라볼 수 있는 곳에 걸어 두면 다양한 사람들과 상호작용할 때 도움이 돼.

**1** 두꺼운 종이와 굵은 펜을 준비하거나 컴퓨터 문서 파일을 열고 한가운데에 "나는 ○○한 사람으로 기억되고 싶다"라고 적어 봐.

**2** 네가 남기고 싶은 유산과 일치하는 5가지 가치(예: 용기, 친절, 신뢰 등)를 적어 봐.

**3** 종이를 보이는 곳에 붙여 두고 매일 학교에 가기 전에 보는 습관을 들여 봐. 그렇게 하면 오늘 할 행동의 바탕이 될 핵심

가치를 떠올리게 되고 그런 선택을 하는 것이 왜 중요한지 생각할 수 있어. 5년 뒤, 너는 네가 했던 선택을 자랑스럽게 여기게 될 거야!

## 핵심 요약

◇ 자신감, 적극적 경청, 감정 알아차리기, 몸짓 언어, 공감 같은 사회적 기술은 다른 사람과 건강하게 소통하고 어울리는 데 도움이 돼.

◇ 자신감은 자신의 가치를 믿고 성장형 사고방식을 받아들이는 데서 나와.

◇ 감정 알아차리기는 자신의 감정을 있는 그대로 보고 올바르게 대하는 데 도움이 되는 기술이야.

◇ 몸짓 언어와 적극적 경청은 상대방에게 관심을 두고 있다는 것을 보여 주는 동시에 상대방이 하는 말에 적절하게 반응할 수 있게 해 줘.

◇ 공감은 인간관계의 핵심이자 다른 사람의 감정과 관점을 이해하고 받아들이는 일이야.

# CHAPTER 4

# 매번 할 일을 미룬다면?

## 계획 세우는 습관

이 세상에 존재하는 자원 중에서 시간이 가장 소중하다는 말, 많이 들어 봤을 거야. 시간은 조금만 소홀해도 낭비하기 쉽지. 미루기, 지각, 이것저것 자꾸 깜빡하고 놓치거나 해야 할 일이 너무 많아서 부담감에 짓눌린다고? 그런 문제는 시간 관리를 잘하면 해결할 수 있어. 이게 바로 이번 장에서 다룰 내용이야. 지금부터 계획적이고 자신감 넘치는 삶을 살아가기 위해 필요한 작은 습관들을 살펴볼 거야. 해야 할 일이 아무리 많아도 문제없어!

## 아침 루틴 만들기

넌 어떤지 모르겠지만, 많은 십 대들이 알람의 '다시 알림'을 다섯 번쯤 누른 다음 겨우 일어나거나 엄마한테 일어나라는 잔소리를 열다섯 번은 듣고서야 이불 밖으로 나온다고 해. 이러고 나면 아침부터 진이 빠지고 좌절감이 들 거야. 그러다 가끔 집에 뭔가 중요한 것을 놓고 나올 수도 있어. 그러면 그날 하루는 완전히 꼬이는 거지.

만약 정해 둔 아침 루틴을 따라 여유롭게 학교 갈 준비를 한다면 어떨까? 너무나 당연하게도 이전보다 훨씬 여유로운 하루를 보낼 수 있을 거야. 사실, 하루를 규칙적이고 체계적으로 시작하면 뭐든 할 수 있을 듯한 자신감이 들고 스트레스 호르몬인 에피네프린 수준도 낮아진다는 연구 결과도 있어. 그런 습관을 들이려면 많은 노력이 필요하겠지만 해 볼 만한 가치가 충분해. 학교 과제, 운동, 학원, 봉사 활동, 집안일, 친구와 어울릴 시간 등등 해야 할 일이 점점 많아질 때잖아. 그러면 일과는 점점 빡빡해지겠지. 지금이야말로 알찬 하루를 보내기 위한 방법을 익힐 최적의 시간인 셈이야. 아침부터 계획대로 착착 진행하는 루틴을 시작해 봐! 어떻게 하면 되냐고? 지금부터 알려 줄게.

아침 루틴은 보통 이런 식이야.

○ 매일 비슷한 시간에 일어나 체내 시계와 수면 패턴 기초 다지기.
○ 정신없이 서두르며 집안을 뒤지고 다니지 않도록 30분가량 여유 시간 두기.
○ 이 닦기, 머리 손질 등이 잘 되었는지 거울로 확인하기.
○ 침대 정리하기.
○ 인사를 잘하기. 별것 아닌 듯하지만, 부모님이나 집에 있는 누군가에게 자신이 집을 나선다는 사실을 알리는 친절함을 갖추자. 부끄럽더라도 가벼운 포옹을 곁들이면 다정한 분위기는 배가 될 거야!

이렇게 착착 진행되려면 탄탄한 저녁 루틴이 제대로 받쳐 줘야 해. 저녁 일과는 조금 뒤에 살펴볼 거야. 지금은 아침 일과를 규칙적으로 만들어 줄 세 가지 특별한 습관을 살펴보자. 하루를 제대로 시작하기 위해서!

# 좀비 상태에서 벗어나자

아침에 알람 소리 때문에 눈을 떴는데 피곤하고 찌뿌둥한 느낌이 들 때가 많을 거야. 그럴 때 눈을 뜨자마자 바로 화장실로 가서 찬물로 세수하는 습관이 있다면 어떨까? 차가운 물이 피부에 닿으면 계속 '좀비 상태'에 머물러 있기는 어려울 거야. 나는 매일 아침 정신을 깨우기 위해 이렇게 해. 할 때마다 매번 큰 도움을 받고 있어!

# 알람을 손이 닿지 않는 곳에 놓자

알람이 울릴 때 '다시 알림'을 누르고 싶은 유혹이 든다면 핸드폰이나 알람시계를 손이 닿지 않는 곳에 멀찍이 떨어뜨려 놓으면 아주 간단히 해결돼. 방 문 앞이나 책상 위처럼 몸을 일으켜서 움직여야 끌 수 있는 곳이면 좋아. 계속되는 알람 소리 때문에 잠자리에서 나오지 않고는 못 배길 테고, 그렇게 일어나면서 하루를 시작하는 거야. 아마도 편안한 이불 속에서 알람을 끌 때보다 30분은 빨리 일어날 수 있을걸.

# 아침을 먹자

점심시간까지는 아직 한 시간이나 남았는데 책상도 씹어 먹고 싶을 만큼 배가 고팠던 경험이 있을 거야. 그런 상태일 때는 뭔가에 집중하기도 어렵고 아무것도 아닌 일에 벌컥 화를 내기 쉬워. 배고픈 괴물로 변신하지 않으려면 어떻게 해야 할까? 바로 아침밥을 먹는 거야! 몸에 에너지원을 공급하는 일은 하루를 잘 보내려는 사람이라면 반드시 해야 할 일이야.

점심 식사 때까지 배고프지 않으려면 단백질과 탄수화물이 풍부한 음식을 먹어야 해. "아침 먹을 시간이 없어요"라고 변명할 수도 있어. 이 문제에는 두 가지 해결책이 있어. 기상 알람을 평소보다 10분 일찍 맞추거나, 단백질바처럼 등교 준비를 하면서 먹을 수 있는 음식을 고르는 거지.

## 스트레스 관리하기

학교 과제가 산더미같이 쌓였거나 소셜 미디어에서 본 것처럼 멋진 삶을 살아야 한다는 압박감에 시달리거나, 부모님이 모든 과목에서 90점 이상을 받길 기대하거나, 어떤 상황을 겪든 십 대 시절은 감정에 휘둘리기 쉬운 때야. 지금 이 순간에도 너는 스트레스를 굉장히 많이 받은 상태일 수도 있지만 그건 특별하게 생각할 일이 아니야.

스트레스를 좀 받는다고 해서 건강에 크게 해롭지는 않아. 사실 스트레스는 정신을 집중해서 몸을 움직이게끔 하는 심리적 반응이거든. 하지만 많은 십 대들은 스트레스가 지나쳐서 불행하다고 느끼고 자존감에 상처를 입어. 스트레스를 이겨 낼 대처 방법이 없다면 더 그래. 잠을 못 이루고, 두통이나 어지럼증에 시달리고, 집중하기 힘들고, 그날그날 겪는 스트레스를 제대로 해소하지 못한다면 스트레스를 낮추는 습관을 들일 필요가 있어.

지금부터 소개하는 습관들은 내가 특별히 좋아하는 것들이야. 인생의 짐이 무겁게 느껴질 때 마음을 다스릴 수 있는 방법들이지.

# 심호흡하자

스트레스가 심할 때 가슴이 조여 오고 정신없는 느낌이 드는 까닭은 '교감 신경계'가 활성화되었기 때문이야. 교감 신경계는 위험에 처했으니 맞서 싸우거나 도망쳐야 한다고 '투쟁 혹은 도피' 신호를 보내. 그 신호에 따라 우리 몸은 '부교감 신경계'를 활성화해. 부교감 신경계는 마음을 가라앉히고 침착한 상태로 돌아오도록 해 줘.

눈을 감고 하나, 둘, 셋 하고 숫자를 세면서 숨을 들이마셔. 공기가 배 속까지 들어가도록 깊게 호흡해. 일 초가량 숨을 참은 뒤에 넷까지 숫자를 세면서 천천히 숨을 내쉬어 봐. 이 과정을 다섯 번 반복하는 거야. 호흡에 완전히 집중할 수 있는 조용한 장소에서 하면 더 좋아. 이렇게 천천히 호흡하면 몸은 실제로 위험한 일이 없고 안전하다는 신호로 받아들여. 지금 잠깐 연습 삼아서 해 봐도 좋아. 당장 스트레스를 느끼지 않더라도 한번 해 보는 거야.

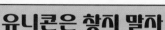

# 유니콘은 찾지 말자

과도한 불안을 겪는 이유 중에서 가장 큰 것은 완벽해지려는 욕구야. 완벽을 추구하려는 태도는 의욕이 많아서일 수도 있지만, 실제로 완벽해지기는 어렵기 때문에 완벽을 향해 가는 과정은 엄청난 압박감을 느끼게 하지. 완벽이라는 것은 주관적인 개념이야. 그러니 완벽을 추구하는 일은 유니콘을 찾아 나서는 것과 같아. 존재하지 않는 것을 찾아다녀 봐야 소용없잖아.

친구에게 문자를 보내면서 완벽한 이모티콘이나 '짤'을 찾느라 애쓰거나 미술 시간에 그린 그림이 별로인 것 같아서 계속 안달이 난다면, 완벽한 것은 없다고 되뇌어 보자. 늘 최선을 다할 뿐이라고 자신을 다독이는 거야. 그거면 충분해. 스스로 인간적인 모습을 허용하고 만점이 아니더라도 받아들이기로 마음먹으면 실제로 더 나은 점수나 결과를 얻을 가능성도 커져. 사람은 공포나 불안이 아니라 창의성과 영감에 따라 행동하기 때문이야. 자신이 언제 완벽해야 한다는 압박감에 시달리는지 잘 생각해 보고 '완벽 같은 것은 없어. 좀 부족하더라도 최선을 다하는 내 모습이 대견해' 라고 되뇌어 봐.

# 나만을 위한 시간을 갖자

많은 사람이 뭔가에 쫓기듯이 살고 있어. 누군가가 요구하는 일만 하느라 즐거운 일을 할 시간을 내지 못해. 적어도 일주일에 한 번은 자신이 좋아하는 일을 하는 습관을 만들어 보자.

필기도구를 준비하거나 컴퓨터 워드 파일을 열고 아래 질문에 대한 답을 적어 봐.

1. 정말 좋아해서 푹 빠져 할 수 있는 일은? (SNS는 빼고)
2. 하고 난 뒤에 기분이 좋아지는 일이 있다면? 여러 가지를 적어도 좋아!

적어 놓은 것을 일주일 중 언제 하면 좋을지 잘 생각해 봐. 부모님에게 그것을 해야 하는 이유를 알리고 지지해 주셨으면 좋겠다고 말씀드리는 것도 좋아. 너에게 유익하고 네가 정말 좋아하는 일이라면 흔쾌히 도와주실 거야.

## 우선순위 정하기

우선순위를 정하면 지금 나에게 가장 중요한 일이 무엇인지 알 수 있어. 또 기한을 지키고 목표를 향해 나아갈 힘을 얻을 수 있지. 하지만 우선순위를 머릿속에서만 매기는 일은 쇼핑 목록에 적힌 25가지 물건을 통째로 외우는 것과 같아. 우리 뇌는 그 모든 것을 한꺼번에 이해하고 기억할 능력이 없어서 뒤죽박죽 혼란스러운 느낌이 들 거야. 우선순위 매기기의 힘은 해야 할 일들을 모두 적어서 눈으로 확인할 수 있어야 제대로 발휘돼. 그 주에 해야 할 일들을 한 번에 확인할 수 있도록 목록을 만든 다음, 매일 해야 할 일로 쪼개는 방식이 효과적인 것도 그 때문이야.

우선순위를 정하는 일은 뇌가 느끼는 부담을 줄여 줘! 해야 할 일을 몽땅 기억해야 한다는 압박감을 벗어 버릴 수 있거든. 우선순위를 매길 때는 어떤 일을 먼저 끝낼지, 어떤 순서로 해 나가야 할지 정한 뒤에 목표에 따라 무엇이 가장 급하고 중요한지 순서를 매겨야 해.

일간 업무와 주간 업무를 우선순위에 따라 적어 두면 시간을 절약할 수 있어. 일을 어떻게 풀어 가야 할지 정리가 되니 스트레스도 줄지. 즉 덜 미루고 더 생산적으로 일할 수 있게 된다는 뜻이야!

# 종합 목록을 만들자

해야 할 일은 시간과 장소를 가리지 않고 생겨나기 마련이야. 마구잡이로 하다가 산만해지지 않도록 '종합 목록'을 만들어서 해야 할 일들을 모조리 기록해 두면 좋아. 그리고 매일 우선순위를 정할 때 종합 목록을 참고하면 돼.

　지금 잠깐 짬을 내서 종합 목록을 만들어 보자. 내일 당장 해야 하는 일부터 다음 달에 해야겠다고 생각해 둔 일까지 종이나 핸드폰 메모 앱에 모두 기록하는 거야. 크건 작건 상관없으니까 모조리 적어 봐. 주말 밤마다 종합 목록을 살펴보고 해야 할 일이 더 떠오르면 거기에다 덧붙여. 완료한 일은 줄을 그어 지우면 돼.

# 톱 3를 정하자

종합 목록을 매일 수정하고 보완하면서 그날 반드시 해야 할 '톱 3'를 정하는 습관을 들여 봐. 톱 3를 정할 때에는 목표에 따른 기한과 중요성을 잘 따져 봐야 해. 우선순위를 부여할 세 가지를 따로 골라 놓으면 너무 많은 일에 휘둘리지 않고 가장 중요한 일에 우선 집중할 수 있기 때문에 해 볼 만하다는 생각이 들고 성취감을 얻기도 수월해. 그렇게 하다 보면 일에 탄력이 붙고 다음 날에도 그날 할 일을 완수할 수 있겠다는 자신감도 생기겠지!

살다 보면 예상치 못한 새로운 일이 생겨. 그럴 때에는 학교에서 집에 돌아오자마자 가장 중요한 3개를 골라 적어 두는 거야. 일단 종합 목록을 꺼내서 그날 생긴 과제나 할 일을 추가해. 그런 다음 그날 저녁까지 완료해야 할 톱 3를 뽑아서 따로 적어. 완료할 때마다 하나씩 지워 나갈 수 있도록 이 목록을 눈에 잘 띄는 곳에 두는 것도 잊지 마!

# 작게 나누자

시간을 관리하기 위해 우선순위를 매길 때, 할 일을 작은 단위로 나누면 효과적이야. 이렇게 하면 할 수 있다는 자신감이 들고 뇌가 일을 시작할 의욕이 생기거든. 해야 할 일이 간단하고 명료하게 느껴지기 때문이지.

예를 들면, 톱 3 목록에 '작문 숙제하기'라고 쓰기보다는 '도입부 쓰기'라든가 '윤곽 잡기'처럼 그날 해야 할 커다란 계획을 작고 구체적인 일로 나누어서 기록하는 거야.

일을 작게 나누기 위해서는 먼저 최종 목표를 생각하면서(예를 들어, 작문 숙제하기) "무엇을 해야 할까?"라고 질문해 나가는 거야. 각 단계는 최종 목표를 달성하기 위한 세부 목록이 되겠지.

그럼 한번 연습해 보자. 해야 할 일을 적은 다이어리나 종이 또는 문서 파일을 열고, 목록에 있는 일 한 가지를 고른 다음, 그 일을 세 개의 작은 단계로 나누어 보는 거야.

단계를 나누고 나니까 그 일이 버겁지 않고 잘 풀릴 것 같다고? 그게 바로 작게 나누기의 힘이야!

## 일정 관리는 나의 친구

다른 사람이나 상황에 휘둘리지 않고 독립적으로 살 수 있게 도와주는 습관이 하나 있어. 바로 '일정 관리'야. 예전에 나는 플래너나 일정표 쓰는 걸 딱히 좋아하지 않았어. 왠지 통제 받는 듯하고 갑갑했거든. 하지만 실제로 일정표를 작성하면서 계획을 짜면 독립적으로 행동할 수 있고 결과도 좋다는 사실을 깨달았어.

일정을 짜서 관리하면, 뇌에서 목적과 전략을 추구하는 영역이 활성화 돼. 그 영역은 이루고자 하는 목표 전체와 너의 최고 관심사가 무엇인지를 판단해. 한 가지 일을 마치는 순간, 우리는 보통 게으름 피우고 싶어 하는 뇌 영역의 결정에 따라 TV 프로그램을 보거나 친구에게 카톡을 보내는 등 그저 편하고 즐거운 일을 할 때가 많아. 미루는 습관은 바로 이렇게 시작돼! 일정을 확실하게 짜서 따르면 일하거나 공부하는 시간과 쉬거나 여가를 즐기는 시간을 건강하고 균형 있게 관리할 수 있어. 일정 관리는 뭔가 잊거나 지각하는 일을 줄여 줄 뿐만 아니라 생산적이고 의욕적으로 일하도록 도와 줘.

일정표는 양파랑 비슷해. 여러 가지 다양한 층으로 이루어져 있거든. '큰 그림'인 월간 일정은 생일이나 시험 기간처럼 앞으로 있을 중요한 일을 놓치지 않도록 해 줘. '중간층'은 주간 일정이야. 주간 일정표를 만들어 두면 그 주에 해야 할 일과 반복되는 일정을 챙길 수 있어. 마지막으로 '핵심층'인 일과표가 있어. 여기에는 하루 동안 언제, 어떤 일을 해야 하는지 정확하고 구체적으로 기록해. 이제 월간, 주간, 일일 일정을 짜는 데 필요한 구체적인 습관을 알아보자!

# 큰 그림을 보자

혹시 친구의 생일을 깜박하거나, 치과 예약을 놓치거나, 약속을 덜컥 잡고 나서 약속이 겹쳤다는 사실을 깨닫고 당황한 적이 있니? '큰 그림'인 월간 일정을 짜 두지 않으면 그 달에 무슨 일이 있을지 명확하게 인지하지 못하기 때문에 그런 일이 발생해. 그렇기 때문에 월 계획을 세우고 적절히 조절하는 법을 알아 둘 필요가 있어.

먼저 캘린더를 준비해. 벽에 걸어 두거나 책상에 세워 두는 형태도 괜찮고 핸드폰 앱도 좋아. 약속을 잡거나 해야 할 일이 생기면 그때그때 캘린더에 시간과 날짜를 기록하자. 핸드폰 앱을 사용한다면 약속이나 마감 하루 전에 미리 알림이 뜨도록 설정해 둘 수도 있어.

# 일요일에는 그 주의 일정을 확인하자

일요일마다 정해진 시간에 캘린더를 옆에 두고 다가올 한 주의 일정을 확인하면서 계획을 세워 봐. 이때 '나만의 시간'을 일정표에 꼭 넣도록 하자. (매일 최소한 30분 정도 시간을 내자.) 캘린더를 빼곡히 채우려고 애쓰지 말고 자기만의 시간을 가지면서 재충전의 기회로 삼아야 해.

중요한 것들을 일정표에 적어 넣었다면 이제 '덩어리 짓기'를 할 차례야. 덩어리 짓기는 비슷한 일끼리 한데 모아서 한 가지 활동에 집중하도록 도와주는 습관이야. 이렇게 하면 생산성과 집중력을 높일 수 있어. 공부 시간, 친구와 어울리는 시간, 가족과 보내는 시간을 각각 하나의 덩어리로 만들어 비슷한 활동을 모을 수 있어.

학교를 다니는 동안은 매주 비슷비슷하게 느껴지기 때문에 주간 일정을 기준으로 삼아서 새로운 일정에 따라 필요한 대로 조정하면 좋아. 예를 들어 오후 6~8시는 공부 시간, 8~9시는 인터넷과 SNS를 하거나 친구와 채팅하면서 노는 시간으로 정하고 9시에는 가족들과 보낸 다음 10시에 잠자리에 드는 식이지.

# 미리 결정해 두자

나와 상담하는 학생들은 "일정표를 짤 때 공부 시간을 얼마 정도 잡아야 할지 모르겠어요. 이런저런 문제를 풀려면 시간이 얼마나 걸릴지 예측하기가 힘들어요"라는 말을 자주 해. 이런 고민을 하는 까닭은 계획을 짜는 데 필요한 질문의 순서가 바뀌었기 때문이야.

일정을 효율적으로 짜려면 "시간이 얼마나 걸릴까?"가 아니라 "이 일에 얼마나 시간을 들이는 것이 합리적일까?"라고 질문해야 해. 그런 다음 자신이 정한 시간을 지키려 노력해야 돼. 1시간 내에 마쳐야 한다고 정해 두면 딴짓할 시간이 없기 때문에 문제를 푸는 것에 좀 더 집중할 수 있어. 미리 시간을 정해 두면 네가 그토록 많은 일을 해낼 수 있다는 사실에 놀랄 거야.

## 집중 방해하는 것 멀리하기

일을 하다 집중이 흐트러지면 다시 집중하는 데까지 23분 하고도 15초가 걸린다는 사실을 알고 있니? 핸드폰을 확인하느라 5분 정도 하던 일을 미루는 걸 별거 아니라고 생각할지도 몰라. 하지만 집중을 방해받은 뇌가 놓친 창의력과 사고력은 결국 되찾지 못해. 그렇기 때문에 계획에 차질이 생기지 않게 하려면 주의를 흩뜨리는 것들을 관리할 필요가 있어.

전자 기기도 문제지만 친구나 여러 가지 다른 일도 집중을 방해해. 너무 많은 일을 맡거나, 자기만의 시간을 거의 갖지 못할 수도 있고. 누군가를 돕거나 헌신하려는 마음은 아름답지만 자신의 건강과 우선순위까지 희생해서는 안 돼. 자신을 돌보는 데 쓸 시간을 먼저 떼어 놓아야 해. 그건 이기적인 일이 아니야. 자신을 존중하는 일이지. 자신의 욕구를 먼저 살피는 일은 꼭 필요해. 그러지 않으면 결국 다른 사람에게 베풀 것도 남지 않게 돼.

타인을 위한 일을 가려서 하고, 도움을 요청하고, 우선순위가 아닌 것을 예의 바르게 거절하는 일은 자신에게 가장 중요한 것에 집중하기 위한 필수 기술이야. 지금부터 살펴볼 작은 습관은 이런 기술을 훈련하는 데 도움이 돼.

# 핸드폰 금지 구역을 지정하자

집중력을 최대로 발휘하기 위한 최고의 방법은 공부 시간에 핸드폰을 방 바깥에 내놓는 거야. 부모님이 핸드폰에 대해 이런 식의 잔소리를 많이 해서 더는 듣기가 싫겠지만, 창의력과 효율성을 끌어올리는 방법으로 이만한 것이 없다니까!

핸드폰으로 눈길이 가는 것만으로도 집중력이 흐트러진다는 연구 결과도 있어. 숙제를 끝까지 해낼 수 있는 가장 쉬운 방법은 공부를 시작하기 전에 핸드폰을 끄고 방 밖에 내놓는 거야. 핸드폰을 항상 지니고 다니는 데 익숙하다면 처음엔 좀 불안할 수도 있어. 하지만 일단 숙제를 시작해서 점점 몰입하면 어느새 핸드폰에 신경 쓰지 않게 될 거야!

이런 습관을 들이려면 지금 당장 핸드폰을 어디에다 두면 좋을지 생각해 봐. 그 장소를 종이에 적어서 책상 앞에 붙여 놓고 신호로 삼는 거야. 숙제나 공부를 하려고 책상 앞에 앉았을 때 그 종이를 보면 핸드폰을 바깥에 두어야 한다고 생각하게 될 거야.

# "아니요"라고 거절할 줄 아는 사람이 되자

스포츠 팀, 친구 모임, 자원봉사 동아리의 일원이 되면 즐겁고 활기찬 생활을 할 수 있어. 하지만 그러다 보면 모든 일에 긍정해야만 할 것만 같은 기분이 들 때도 많아. 그럴 때 스스로 과한 짐을 지지 않도록 신경 쓰고 거절할 줄 아는 태도를 갖추면 크게 도움이 돼. 시간을 내기 힘든 활동을 제안받거나 일을 부탁받았을 때 "아니요"라고 정중히 말하는 습관이 들도록 훈련할 필요가 있어.

공손한 태도로 "물어봐 주셔서 감사한데요, 이번 주에는 시간이 없어서요. 나중에 한번 더 시간을 맞춰 볼 수 있을까요?"라고 말하는 습관을 들여 봐. 이렇게 하면 일정이 어긋나거나 해야 할 일을 못 할 위험도 줄이면서 훗날 다시 제안받을 가능성을 열어 둘 수 있어. 그러니까 완전한 거절이 아니라 당장의 요구에 응하지 않는 셈이지.

# 상대방에게 신호를 보내자

학창 시절 내가 주로 방해받았던 경우는 언니가 갑자기 내 방에 들어와서 말을 걸거나 옷을 좀 빌려 달라고 할 때였어. 언니는 나를 방해할 생각은 없었을 거야. 내가 공부를 하거나 뭔가에 집중하고 있다는 사실을 몰라서 그랬겠지.

이럴 때 방해받지 않을 방법은 친구나 가족에게 공부 중이라거나 뭔가 중요한 일을 하고 있으니 집중하도록 도와 달라고 미리 알리는 거야. 공격적으로 말할 필요는 없어. 간단하게 "방에 들어가서 언제(계획한 기간)까지 어떤 일(계획한 작업)을 할 거야. 진짜 중요한 일이 아니면 방해하지 말아 줬으면 해"라고만 말해도 친구나 가족은 너에게 중요한 계획이 있음을 알고 방해하지 않을 거야. 방 문에 공부 중이라고 써 붙이는 것도 좋은 방법이고.

## 밤 루틴 짜기

이번 장은 아침 루틴을 짜는 이야기로 시작했어. 그런데 말이야, 아침을 성공적으로 열기 위해서는 잘 짜여진 밤 루틴이 꼭 필요해! 아침에 얼마나 피곤할지, 얼마나 활기찰지는 전날 밤 잠자리에 들기 전에 무엇을 하느냐에 달렸어.

교과서가 방 여기저기 널려 있고 노트북 전원이 방전되어 있니? 아니면 다음 날 시간표에 따라 책가방을 잘 싸 놨고 노트북도 밤새 충전해 두었다고? 두말할 필요 없이 두 번째 경우가 훨씬 편안한 아침을 맞이하겠지. 이리저리 뛰어다니면서 물건을 챙길 필요 없이 준비해 둔 가방만 챙기면 될 테니까!

지금부터는 수면 습관과 관련된 여러 문제를 어떻게 다룰지 살펴볼 거야. 일단은 아침을 상쾌하게 맞이하기 위해 매일 밤 실천해야 할 습관을 먼저 확인해 보자. 그러면 뭔가 잊어버리면 어쩌나 하는 불안에 시달리지 않고 숙면하는 데에도 도움이 될 거야.

# 가방을 미리 싸 두자

밤에 양치하기 전, 교과서, 노트북, 충전기, 체육복, 지갑 등등 다음 날 필요한 것들을 미리 가방 안에 넣어 두는 습관을 들여 봐. 짐을 싸는 동안 전자 기기가 충전되어 있는지도 확인해. 충전이 필요한 상태라면 충전기에 연결해서 가방 옆에 놓아두는 거야. 그러면 아침에 잊지 않고 챙길 수 있겠지. 이렇게 준비해 두면 다음 날 아침이 훨씬 여유로울 거야.

# 옷을 미리 골라 두자

가방과 전자 기기를 준비해 뒀다면, 다음 날 입을 옷을 고르는 습관으로 이어 가 보자. 내일 날씨를 확인해서 편한 옷을 고르면 돼. 미리 골라 둔 옷을 책상이나 의자처럼 빨리 집어 들 수 있는 곳에 걸어 두면 아침 시간을 절약할 수 있어. 점퍼를 찾으려고 여기저기 뒤지고 다니거나 입으려던 상의에 얼룩이 묻은 것을 발견하고 허둥대다가 지각할까 봐 숨이 턱에 닿도록 달린 경험, 누구에게나 있을 거야. 다음 날 입을 옷을 미리 준비해 두면 아침에 정신없는 상황을 피할 수 있어!

**MINI HABITS**

# 알람 설정하기

매일 밤 양치하는 습관은 이미 있을 테니 (만약 없다면 해야 할 일 목록에 반드시 넣도록 해.) 양치한 뒤 방에 돌아가면 바로 기상 알람을 맞추는 거야. 아침 햇살 때문에 제때 일어날 수 있다거나 부모님이 방문을 두드리겠지 하고 생각할 수도 있어. 하지만 아침에 일어나는 일은 다른 사람이 아닌 너 스스로 혼자 해야 하는 일이야. 알람 설정이야말로 가장 믿을 만한 방법이지. 만약 핸드폰을 방 바깥에 놓아두고 잔다면 알람 시계나 라디오를 이용하면 돼. 알람이 울리면 바로 침대에서 일어나야 한다는 거 잊지 마!

◇ 성공적인 하루는 성공적인 아침 일과로 시작해. 일어나서 바로
세수하고 건강한 아침 식사를 하는 것이 중요한 이유야.

◇ 가끔 스트레스를 받는 것은 정상이야. 심호흡을 하고 완벽주의
를 벗어 버리는 등 건강한 습관을 통해 스트레스를 관리할 수
있어.

◇ 맡은 일을 잘 해내기 위해서는 월간, 주간, 일일 일정을 만들
고 일과표를 짜는 방법이 효과적이야!

◇ 때로 할 일이 너무 많아서 뭔가 잊어버리거나 마감일을 놓칠
수도 있어. 그럴 때는 일과 중 가장 먼저 집중해야 할 3가지
우선순위를 정해 봐.

◇ 가방을 미리 싸 두고 기상 알람을 설정해 놓는 등 효율적인 밤
루틴을 따라 내일을 준비하자!

## CHAPTER 5

# 내 몸은 내가 지킨다

## 건강을 지키는 습관

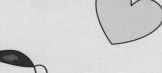

'건강 관리'라고 하면 우리는 대개 잘 먹고 꾸준히 운동하는 것만 떠올려. 그건 건강 관리의 일부일 뿐이야. 이번 장에서는 우리의 몸과 마음 안팎을 튼튼하게 가꿀 습관을 기르기 위한 건강 관리의 A to Z를 살펴볼 거야.

다녀왔습니다~

히히
맛있당

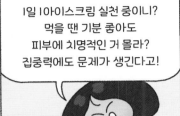

1일 1아이스크림 실천 중이니?
먹을 땐 기분 좋아도
피부에 치명적인 거 몰라?
집중력에도 문제가 생긴다고!

정말요?

꺅!!!

피부는
안 돼!

으휴~

엄마가 거짓말하는 거 봤니?

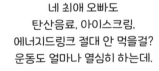

네 최애 오빠도
탄산음료, 아이스크림,
에너지드링크 절대 안 먹을걸?
운동도 얼마나 열심히 하는데.

그렇다면 오빠의 뜻을 받들어
아이스크림 중단을 선언합니다!!!

## 수면 습관 세우기

누군가 너한테 성적을 단기간에 높이거나 좀 더 나은 결정을 내리거나 유행하는 춤, 기타 코드 같은 새로운 기술을 빨리 익힐 방법이 있다고 말한다면, 당장 알려 달라고 하겠지? 이 모든 것을 가능하게 해 주는 것이 있는데, 바로 규칙적인 '수면 습관'이야!

우리가 잠을 잘 때 뇌도 같이 잠들 거라고 생각하기 쉽지만, 사실 잘 때 뇌는 믿을 수 없을 정도로 활동적인 상태야. 우리가 잠들었을 때 뇌는 몸과 마음을 건강하게 유지하기 위해 아주 중요한 일을 하거든. 근세포를 회복시키고, 에너지를 충전하고, 독소를 배출하고, 하루 동안 배운 내용을 장기 기억에 저장하는 등 아주 많은 일을 해. 그래서 벼락치기 공부를 하느라 늦게까지 깨어 있어 봐야 별 효과가 없는 거야. 정보를 완전히 흡수할 기회를 주지 않으면 한 귀로 듣고 한 귀로 흘려보내는 것과 다를 바 없어.

또 잠을 제대로 못 자면 기분이 침울해지고 평소보다 예민하게 반응하는 상태가 돼. 잠을 충분히 자야 (자신을 조절하고 통제하는 뇌의 영역인) 전두엽 피질이 기운을 차릴 수 있는데, 잠이 부족하면 전두엽이 회복할 시간이 충분하지 않아서 충동적이고 위험한 결정을 내리기 쉬워. 즉, 나중에 후회할 행동을 할 수도 있다는 뜻이지.

수면은 물이나 음식과 같아서 생존하고 성장하기 위해서는 충분한 양이 보장되어야 해! 미국 십 대들 중 91%가 최소 수면 권장 시간인 9시간보다 적게 잔다는 설문 결과도 있어. 한국 십 대들의 평균 수면 시간도 7시간 정도밖에 되지 않고 절반이 넘는 십 대가 수면 부족에 시달리고 있지. 만약 여기에 속한다 해도 자책하지는 마. 소셜 미디어에 올라오는 자극적인 게시물, 학업 스트레스, 친구 관계, 부모님의 잔소리, 집안일, 여러 가지 책임감 때문에 마음을 차분하게 가라앉히고 잠자리에 드는 일은 정말이지 어려워. 다행히 방법은 있어. 건강한 수면 습관을 들이면 권장 수면량인 9시간가량 잠을 자는 일이 훨씬 쉬워질 거야. 그럼 매일매일을 꽤 괜찮게 보낼 수 있겠지!

# 나에게 딱 맞는 수면 습관을 만들자

체내 시계가 잠잘 시간이 되었다고 인식하게 하려면 매일 밤 같은 시간에 수면 루틴을 실행하면 좋아. 지금 소개하는 네 가지 단계를 연습해 보자.

## 1. 디지털 기기 끄기

디지털 기기의 화면이 뿜어내는 블루 라이트는 뇌 속 화학물질 분비를 자극해서 아직 낮이라고 착각하게 만들어. 잠자리에 들기 한 시간 전에 모든 전자 기기를 꺼 놓거나 멀리 두는 습관을 들여 봐.

## 2. 잠자리 세팅하기

침실은 어둡고 조용하고 약간 서늘해야 잠을 깊이 잘 수 있어. 먼저 커튼을 치고 빛을 차단해. 침실의 온도가 높으면 이리저리 뒤척이느라 수면에 방해가 될 수 있어. 겨울에는 20℃, 여름에는 25℃도 정도로 맞춰 놓으면 푹 잘 수 있을 거야.

## 3. 씻기

양치질을 하고 따뜻한 물로 샤워나 목욕을 하면 하루 동안 쌓인 긴장을 푸는 데 도움이 돼.

## 4. 차분한 분위기 만들기

1단계부터 3단계까지 마쳤다면 30분 정도 시간을 내서 마음을 편안하게 해 주는 활동을 해 보자. 책을 읽거나 십자말풀이 또는 색칠하기도 좋아. 퍼즐 맞추기도 좋고. 라디오 방송이나 음악을 듣거나 반려동물을 쓰다듬으며 시간을 보내도 좋겠지.

# 침대에서는 잠만 잔다

이 습관은 침대 혹은 잠자리를 수면과 연결 짓는 훈련법이야. 잠을 자는 일 외에는 침대를 사용하지 않아야 해. 즉, 밤에는 침대에서 숙제하거나, 게임을 하거나, 핸드폰을 확인하거나, TV를 보는 등 다른 활동을 하지 않기로 다짐해 보자. 침대를 잠자는 용도로만 사용하면, 밤에 침대에 눕는 행동은 뇌에게 이제 잘 시간이라고 알려 주는 역할을 하게 돼.

다이어리나 종이에 이렇게 적어 보자. "침대에서는 오로지 잠만 잔다!" 다짐을 종이에 적으면, 그것을 기억하고 지킬 가능성이 커!

# 같은 시간에 일어나자

건강한 수면 생활을 위해서는 같은 시간에 잠자리에 드는 것과 함께 아침에 일어나는 시간도 규칙적이어야 해. 주중에는 6시에 일어나고 주말에는 11시에 일어난다면 체내 시계가 망가지고 말 거야. 주말에는 주중보다 딱 2시간 정도만 더 자는 습관을 들여 봐. 주중에 6시에 일어난다면 토요일과 일요일에는 8시에 일어나면 되겠지. 주말에는 기상 알람을 2시간 정도 늦게 맞춰 두면 돼. 너무 빡빡하다 싶을 수도 있지만 매일 밤 숙면을 취하는 데 큰 도움이 되는 습관이야. 꼭 실천해 보자.

## 건강한 식습관 세우기

우리가 먹는 음식은 몸은 물론 정신에도 영향을 미쳐. 혹시 '슈가하이'라는 말 들어 본 적 있니? 초콜릿이나 쿠키처럼 당분이 많은 음식을 먹으면 에너지가 갑자기 치솟는 증상이야. 그러다가 '슈가크래시'라고 부르는 증상으로 이어지면서 체내 혈당 수치가 곤두박질치지. 이런 증상을 겪고 나면 우리 몸은 무기력해져. 점심을 먹은 다음 수업 시간에는 아무리 애를 써도 절로 눈이 감기는 식곤증이랑 비슷해. 가공식품이나 정크푸드를 너무 많이 먹으면 집중력이 떨어지는데, 이것도 같은 이유 때문이지.

영양 성분이 좋지 않은 음식을 계속 먹으면 일상생활에도 좋지 않은 영향을 끼쳐. 게다가 당 함량이 높은 식단과 우울증, 설탕 과다 섭취와 불안 증상 사이에 연관성이 있다는 연구 결과도 있어. 음식 섭취에 신경을 쓰면 우리의 마음도 고마워할 거야.

건강한 식단은 3대 주요 영양소인 탄수화물, 단백질, 지방이 골고루 들어 있는 음식으로 이루어졌어. 탄수화물은 에너지의 주 공급원이고, 단백질은 근세포의 성장과 회복을 돕고, 지방은 뇌 기능과 면역체계를 건강하게 유지하도록 해 줘. 하지만 뭐든 적당한 게 좋아. 이런 영양소를 너무 많이 또는 너무 적게 섭취하면 우리 몸은 무기력해지고, 체중의 변화도 심해지고, 과민해지기도 하고, 피부에 발진이 나거나 질병에 쉽게 걸리거나 소화하는 데 문제를 겪기도 해.

성장기는 식생활에 가장 신경을 써야 할 때야. 멀리 내다보고 몸과 마음을 건강하게 하는 방향으로 나아가야 해. 군것질을 하지 말라거나 좋아하는 음식을 포기해야 한다는 뜻이 아니야. 패스트푸드나 배달 음식보다는 몸에 균형 잡힌 에너지를 공급해 줄 신선한 재료로 만든 음식을 선택하는 편이 좋다는 얘길 하는 거지. (아침 식사를 시작으로) 정해진 식사 시간에 맞춰 좋은 영양소가 든 식사를 하면 에너지가 넘치게 될 거야.

# 건강한 음식을 추가하자

대부분의 사람은 식단에서 어떤 음식을 빼라고 하면 싫어해. 그래서 나는 원래 식단에 좋은 음식을 더해야 한다고 생각하는 쪽이야. 그러면 음식을 제한한다기보다 선택의 폭이 넓어지는 느낌이 들어서 기분도 훨씬 좋거든.

과일은 2000가지, 채소는 1000가지 이상의 종류가 있는데, 그걸 다 먹어 본 사람은 아마 없을걸! 매식단에 적어도 한 가지 채소와 과일을 추가하면 일일 영양 섭취량을 채울 수 있어. 이 습관을 쉽게 들이려면, 식사가 즐거운 실험이라 생각하고 다양한 종류의 채소와 과일을 접하면서 다양한 맛을 만끽해 봐. 그러다 보면 즐겨 먹고 싶은 새롭고 건강한 음식을 발견하게 될 거야.

# 나를 위한 '특별 메뉴'를 정해 두자

달콤하고 칼로리가 높은 음식을 먹으면 도파민이 분비되면서 뇌가 활성화돼. 우리 뇌는 도파민 분비를 추구하게 되어 있기 때문에 자꾸만 그런 음식이 먹고 싶을 거야. 하지만 한번 먹기 시작하면 매일마다 간식을 먹으려는 충동에 시달릴 거야. 그때그때 마음내키는 대로 좋아하는 음식을 먹는 대신, 매주 일요일 밤에 그 주의 '특별 메뉴'를 언제 먹을지 정해 두자.

그렇게 하면 '지금 꼭 먹어야 해'라는 충동에 굴복하지 않고 곧 좋아하는 음식을 먹는다는 사실을 떠올리면서 유혹을 넘길 수 있어. 그러면 몸에 좋지 않은 음식을 충동적으로 많이 먹은 뒤 더부룩하고 답답한 느낌에 시달릴 일도 줄어들겠지. 자, 이제 결정하자. 이번 주에는 언제 '특별 메뉴'를 먹을 거야? 시간을 정해 두고 그때까지 유혹을 이겨 내 보자.

# 물 마시는 똑똑한 습관을 들이자

물이 신체 건강만큼이나 정신 건강에도 중요하다는 사실을 알고 있니? 우리 뇌는 75%가 물로 이루어졌는데 2%만 부족해도 치명적이어서 제대로 기능하지 못해. 탈수증과 우울, 불안 같은 문제가 서로 연관성이 있다는 연구 결과도 있어.

설문조사에 따르면 6세에서 19세 사이의 미국 어린이와 청소년 중 4분의 1이 일일 수분 섭취량을 물로 채우지 않는다고 해. 물 대신 주스, 탄산음료, 에너지 드링크처럼 당분 함량이 높은 음료를 선택하는 거야.

이제부터는 재사용이 가능한 물병을 가지고 다니면서 규칙적으로 물을 마시는 습관을 들이자. 이 방법으로 하루에 필요한 수분 섭취량인 1~1.5ℓ를 마시는 거야. (0.5ℓ 물병을 3번 정도 채우면 되겠지.) 물을 충분히 마실 수 있게 도와주는 앱도 많아. 스토어에서 '물 마시기'를 검색해 봐.

## 규칙적으로 운동하기

운동이라는 단어를 듣고 움찔했을지도 모르겠다. 일어나서 움직이는 것보다 침대에 누워서 유튜브를 보는 게 훨씬 쉬우니까. 사실 우리 뇌는 가능한 한 에너지를 적게 쓰고 싶어 해. 동굴에서 살던 원시시대 사람들을 생각해 보면 에너지를 아껴야 생존에 유리했을 거야. 우리는 모두 마음속에 게으르게 살자고 설득하는 나무늘보를 한 마리씩 갖고 있지. 안타깝게도 우리 내면의 나무늘보가 지나칠 정도로 자주 이겨서 탈이야. 오늘날의 십 대는 앉아서 지내는 시간이 60대 어르신만큼이나 길다는 사실이 연구에서 밝혀졌어. 십 대 여자 청소년의 75%와 십 대 남자 청소년의 50%가 매일 한 시간도 운동하지 않는다는 거 아니?

규칙적으로 운동하는 습관을 들이기 위해 노력해 보자. 그러지 않으면 나중에 건강에 조금씩 문제가 생길 가능성이 커. 나중에 계단을 조금만 올라도 숨이 찬다거나 개와 함께 산책하기도 힘겨워지는 등 체력이 예전 같지 않다는 걸 깨닫고 놀랄지도 몰라. 나이가 들면서 심장 질환이나 당뇨병이 생기거나 콜레스테롤 수치가 높아지거나 비만으로 이어지기도 해.

운동을 하면 일시적으로 몸이 힘들고 불편할 수 있지만 운동을 마친 뒤 느낄 상쾌함을 생각하면 한번 버텨 볼 만해. 뇌에서 나오는 엔도르핀(이라는 행복 물질)이 건강과 자존감을 끌어올릴 뿐만 아니라 스트레스와 관련된 화학물질을 줄이고 기분이 나아지도록 돕는 화학물질을 증가시켜. 운동은 우울증과 불안 등을 일으킬 가능성을 줄여 줘. 기분이 썩 좋지 않은 날에는 기분 전환이 되기도 해. 지금부터 소개하는 작은 습관을 실천하면 기분도 상쾌해지고 건강한 몸을 만들 수 있어!

# 딱 5분만의 힘

신체적으로 힘든 일을 생각보다 오래 해야 할 때 우리 내면의 게으름뱅이 나무늘보는 매우 큰 목소리를 내. 그럴 때 나는 딱 5분만 하자고 말해. 그래도 운동할 마음이 들지 않는다면 하지 않아도 좋아. 운동을 할까 말까 갈등이 된다면 스스로에게 "딱 5분만"이라고 말하는 습관을 들여 봐.

운동 습관을 들일 때 가장 힘든 부분은 바로 운동을 '시작'하는 일이야. 일단 추리닝을 입고 신발부터 신어 봐. 그리고 5분만 해 보자고 결심하면서 밖으로 나가는 거야. 많이 하지는 못하더라도 5분이라도 운동을 하는 편이 아예 안 하는 것보다 훨씬 낫잖아. 한번 하기 시작하면 다음 날은 훨씬 수월할 거야! 핸드폰을 들고 매일 5분 운동을 언제 할지 알람을 설정해 둬. 약속할게. 분명 운동한 보람이 있을 거야!

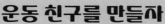

# 운동 친구를 만들자

우리가 친구와 한 약속을 잘 지키려는 이유는 친구를 좋아하는 마음 때문이야. 이 점을 활용해 '운동 친구'를 만들어 두면 꾸준히 운동하는 데 큰 도움이 돼. 친구 덕분에 책임감을 느낄 테고 운동을 해야 한다는 마음도 강해질 거야!

운동 친구가 있으면 계획한 운동을 실천할 확률이 65%까지 증가한다는 연구 결과도 있어. 친구와 함께하면 운동 습관을 들이는 게 훨씬 수월할 거야! 이제, 친구 한 명에게 운동 친구가 되어 달라고 말해 보는 거야. 매일 하고 싶은 운동을 친구와 함께 골라 봐. 같은 시간, 같은 장소에서 만나기 힘든 날에는 시간을 정해서 문자를 주고받으면서 그날 한 운동을 인증하는 습관을 들여 봐도 좋겠지. 함께 책임감을 가지고 운동을 할 만한 친구를 생각해 봐. 그리고 지금 당장 그 친구와 함께 계획을 세워 보는 거야.

# 미래의 나를 위한 선물

운동을 하지 않고 하루 종일 누워만 있으면 게으르다는 생각에 마음이 불편해져. 그뿐만 아니라 미래의 너 역시 고통받겠지. 이런 모습과는 반대로 성실하게 운동해 나가면 몸뿐만 아니라 기분도 좋아질 거야. 뇌에서 기분을 좋게 해 주는 화학물질이 뿜어져 나와 몸과 마음을 채울 테니까! 네 안의 나무늘보가 운동해 봐야 다 소용없다고 속삭이면 이렇게 말해 봐. "이건 미래의 나를 위한 선물이야. 분명 나 자신이 자랑스러워질 거야!" 운동할 때 나무늘보가 불평을 쏟아 내게 해 보는 것도 좋아. 운동을 마칠 때쯤이면 움직인 사람이 곧 승리자라는 사실을 깨닫겠지!

## 정신 건강 돌보기

네 안 깊은 곳에 있는 정신과 영혼도 몸과 마음만큼이나 영양 공급을 필요로 한다는 사실을 기억했으면 좋겠어.

건강한 정신을 기르는 방법은 아주 다양해. 일기 쓰기, 기도하기, 명상하기, 요가하기, 노래하기, 그림 그리기, 촛불 켜기, 산책하기 등등 모두가 생활 속에서 할 수 있는 활동이지. 이 훈련에는 옳고 그른 방법이 없어. 마음을 평안하고 차분하게 해서 너를 되돌아 볼 수 있는 방법이라면 뭐든 좋아.

# 아침 식사 전에 감사하자

감사하는 습관을 들이면 내면에 평화가 찾아와. 항상 감사하는 마음은 뇌에서 기분이 좋아지는 화학물질을 분비해서 긍정적인 생각을 하고 세상을 바라보는 시야도 넓어져서 문제를 종합적으로 바라볼 수 있게 해. 아침 식사를 하기 전에 감사할 일 세 가지를 적어 봐. 엄마가 학교까지 태워 준 일, 먹을 음식이 있는 것, 친구가 주말에 같이 놀자고 한 일 등등 감사할 일은 항상 있어. 매일 아침 식사 전에 감사한 일 세 가지를 적으면 뇌는 계속 그걸 기억할 거야. 그러면 힘든 일이 닥쳐도 견뎌 낼 힘이 생길 거야.

# 명상으로 마음의 평화를 얻자

명상은 정신을 고요하게 유지하면서 마음의 평화를 얻기 위한 훈련이야. 너도 명상에 관해 들어 본 적이 있을 거야. 듣자마자 지루하겠다고 생각했을지도 몰라. 하지만 명상은 힘든 순간에 안정을 찾도록 도와주는 기술이자 매우 편안한 활동이야. 명상을 해 본 적이 없다면 쉬운 단계부터 시작해도 좋아. 학교에서 돌아오면 2분가량 명상하는 습관을 들여 보자.

  명상하는 습관을 들이면 스트레스가 줄어들고 저녁 일정을 시작하기 전에 마음을 편안하게 가다듬을 수 있어. 방에 들어가면 책가방을 바닥에 내려놓는 행동을 신호 삼아 이어폰을 끼고 유튜브에서 명상 가이드를 검색해 재생하는 거야. 바닥에 앉거나 누운 채로 영상에서 안내하는 간단한 명상을 따라 하면 돼.

# 미소 짓자

갑자기 너무 바빠져서 다음 수업이나 동아리 모임에 가기 위해 뛰어다녀야 할 때가 있어. 그런가 하면 외부와 단절된 채 고개를 숙이고 핸드폰만 보고 있을 때도 많지. 소통하지 않는 습관은 천천히 우리의 정신과 마음을 갉아먹어. 인간은 서로 어울리고 소통하기를 갈망하는 존재이기 때문이야.

　지금 알려 줄 습관은 장소를 가리지 않고 어디서나 할 수 있어. 바로 사람들을 향해 미소 짓는 습관이야. 웃으면 네 기분은 물론 네 미소를 보는 사람들의 기분도 좋아져. 네 덕분에 한 사람의 기분이 좋아지면 그 사람이 다른 사람에게 웃어 줄 가능성이 커질 거야. 미소 덕분에 기분이 좋아진 사람들은 또 다른 사람을 향해 웃어 주겠지! 미소처럼 작은 행동이 놀라운 힘을 발휘한다는 사실을 알고 나면 내가 이 세상과 활발히 교류한다는 느낌이 들지. 우리의 작은 행동이 세상에 변화를 만들어 낼 수도 있어. 그러니 더 많이 자주 웃자.

## 감정 조절 연습하기

감정을 조절한다는 건 감정에 따라 행동하지 않는다는 뜻이야. 감정 알아차리기와도 비슷하지만 그보다 한 걸음 더 나아간 단계지. 지금 느끼는 감정을 인식할 뿐만 아니라 감정에 휘둘려 반응하지 않도록 신경 쓰는 일이지.

감정에 저항해야 한다거나 감정과 싸우라는 말이 아니야. 그렇게 하면 오히려 감정이 쌓여 격하게 폭발하고 말아. 사람의 뇌는 생존을 최우선으로 여긴다는 점을 기억해야 해. 즉, 뇌는 반응이 빠른 데다 대부분의 자극을 잠재적 위협이자 스트레스 요인으로 판단하지. 그래서 필요 이상으로 불안해하고 좌절감을 느끼는 등 감정에 휘둘리는 경우가 많아.

우리 마음에 들든 그렇지 않든, 그 순간 생각과 감정의 방아쇠는 당겨지고 말아. 우리는 뇌에서 반사적으로 반응하는 걸 바꾸지 못해. 우리가 할 수 있는 일이라고는 저절로 일어나는 생각과 감정에 어떻게 반응할지 선택하는 것뿐이지. 그렇지만 우리의 선택으로 생각과 감정을 어느 정도 조절할 수 있다는 것은 정말 좋은 소식이야.

생각과 감정에 따라 반응하고 반사적으로 행동하는 게 나아 보일 수도 있어. 하지만 그렇게 하면 말싸움이 잦아지고, 쉽게 오해하고, 자주 미루고, 계속 섣부른 추측을 하고, 자꾸 네 행동을 후

회하게 될 가능성이 커. 이러다 보면 결말이 좋을 리가 없겠지!

감정 조절은 저절로 떠오르는 부정적인 생각이 일으키는 불편한 감정을 일단 받아들인 다음 그 감정을 처리하는 데 도움이 되는 방향으로 행동하는 일이야. 그 행동은 일시적인 감정이 아닌 자신의 가치관과 목적에 따라야겠지. 감정에 따라 행동하면 후회할 가능성이 크기 때문이야. 감정을 조절하는 방법을 알고 나면 일상에서 훨씬 자신감 있게 행동하면서 목표를 향해 꾸준히 나아갈 수 있어!

# 머리에서 빠져나와 몸으로 느껴 보자

저절로 떠오르는 부정적인 생각으로 감정이 자극을 받으면 바로
반응하거나 저항하지 말고 아래의 5단계를 따라 해 봐.

### 1. 잠시 멈춘다

강렬한 감정이 느껴지면 잠시 멈추는 거야.

### 2. 이름을 붙인다

그 감정에 이름을 붙이자. ("나는 _____한 감정을 느껴.")

### 3. 위치를 확인한다

신체 어느 곳에서 그 감정을 느끼는지 짚어 내 보는 거야.

### 4. 묘사한다

그 감정이 어떻게 느껴지는지 생각해 봐. 빠르거나 느려? 뜨겁거
나 차가워? 끈끈하게 달라붙거나 질척대는 느낌이야?

## 5. 느낀다

숨을 깊게 들이마시고 내쉬면서 그 느낌이 몸을 통과해 지나가도록 두는 거야. 네가 감정을 두려워하거나 판단하지 않고 자연스럽게 사라지도록 놔둔다면 몸은 어떤 감정이든 처리해 낼 수 있어.

이 다섯 단계를 습관이 되게 하자. 그러면 부정적인 생각이 들 때 마음이 가라앉고 몸이 편안해지고 부정적인 감정이 줄어들 거야. 그러면 상황에 대처하고 반응할 다양한 방법을 찾아낼 수 있어.

# 5년의 법칙을 적용하자

과학자들은 부정적인 감정이 사고방식을 편협하게 만든다는 사실을 밝혀냈어. 부정적인 감정이 들기 시작하면, 큰 그림을 보지 못하니 일이 살짝 틀어졌을 뿐인데도 실제보다 훨씬 큰 문제로 받아들이고 최악의 상황을 상상하면서 안절부절못하게 되지. 스트레스뿐인 악순환의 고리를 끊어내려면 자신에게 이렇게 물어보자. "이 일이 지금부터 5년 뒤에는 얼마나 중요할까?"

한 걸음 물러서서 스트레스받는 현재 상황을 시간이 어느 정도 흐른 미래에서 바라본다고 상상하면 문제를 지금과는 다른 방식으로 볼 수 있어. 훨씬 균형 잡힌 시각으로 말이야. 최근에 힘들었던 상황을 떠올리고 다음 질문에 대한 답을 적어 봐. "5년 뒤에는 이 일을 어떻게 생각할까?" 예를 들면, 그때에도 수학 시험을 망쳤다거나 좋아하는 아이가 문자에 답하지 않는다고 걱정하고 있을까? 너보다 몇 년 더 산 사람으로서 장담하는데, 너는 그런 일이 있었다는 사실조차 기억하지 못할걸!

# 도움을 청해 보자

감정 때문에 힘든 시간을 겪고 있다면 누군가에게 도움을 청해 봐. 그 사람에게 네가 어떤 기분인지 털어놓는 거야. 부모님, 보호자, 친구, 형제자매, 선생님, 상담사, 정신과 의사, 신뢰하는 다른 어른도 괜찮아. 절대 혼자 모든 걸 감당하려고 하지 마.

나를 판단하거나 이해하지 못할지도 모른다는 두려움 때문에 도움 청하는 일에 거부감을 느낄 수도 있어. 하지만 그럴 때마다, 완벽한 사람은 없다는 점을 기억하자. 즉 누구나 인생의 역경을 겪고 그 우여곡절을 헤쳐 나가는 동안 온갖 감정이 들어. 감정을 누군가와 나누는 일은 외부에서 바라보는 관점으로 새로운 통찰이나 조언을 얻거나, 공감을 통해 그 감정을 좀 더 잘 이해하도록 도와줘.

미리 도움을 청할 만한 사람들을 정해 두면 좋아. 다이어리나 핸드폰 메모 앱에 다음 문장을 완성해서 적어 두자. "감정적으로 북받쳐서 힘들 때, _____에게 연락해 도움을 청하자." 편안한 마음으로 도움을 구할 수 있는 사람 두세 명을 적어 봐.

충분한 수면은 몸과 마음을 충전하는 가장 좋은 방법이야. 매일 밤 수면 루틴을 정하고 최소 9시간 수면을 목표로 삼자.

◇ 건강한 식사란 식욕을 억눌러야 한다는 뜻이 아니야. 하루에 필요한 에너지를 제공하는 단백질, 탄수화물, 지방을 골고루 갖춘 건강한 음식을 섭취해야 한다는 의미지.

◇ 건강한 몸을 가꾸기 위해서는 마음속 나무늘보의 목소리를 잠재우고 운동으로 활력을 얻는 습관을 길러야 해.

◇ 감정 조절은 도움이 필요할 때 다른 사람에게 손을 내밀 줄 아는 습관을 기르고, 감정과 생각을 잘 관리하는 방법을 배우는 일이야.

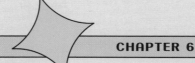

# CHAPTER 6

# 진짜 친구를 만드는 법

## 좋은 관계 맺는 습관

관계는 꽃이랑 비슷해. 잘 자라서 꽃을 피우게 하려면 관심을 가지고 보살펴야 하지. 청소년기에는 자기 나름의 길을 찾아 나가는 데 모든 관계가 중요한 역할을 해. 우리는 (마음이 내키지 않을 때에도) 주변 관계들을 잘 유지하길 원하지. 관계를 돌보는 데에는 노력이 필요한데, 이 장을 다 읽을 즈음엔 좋은 관계에서 얻는 보상은 노력해서 얻을 가치가 충분하다는 사실을 알게 될 거야.

지오야, 왜 그래?

훌쩍 훌쩍

음… 그랬구나.

힝~

제가 약속을 안 지켜서
원우가 화가 많이 났어요.

원우랑 화해하고 싶어?

엄마가
도와줄까?

네가 변명하지 않고 있는 그대로
마음을 표현하면
원우도 네 마음을 받아 줄 거야.

화이팅!

원우한테 미안하다고 말하면 어때?

호호

하하

원우가 안 받아 주면 어떡해요?

자존심 때문에 사과하지 못했는데,
지금 원우한테 연락해 볼게요.

원우야

기다려!

**131**

## 좋은 의사소통 습관 만들기

나쁜 의사소통 습관은 즐겁고 의미 있는 관계를 발전시키는 데 방해가 돼. 다른 사람을 행복하게 해 주려고 자신의 필요와 간절한 바람을 뒷전으로 미룰 때, 우리는 소위 '비위 맞추기'를 하고 있는 거야. 물론 비위 맞추기를 다른 사람의 필요를 살피는 긍정적인 행동으로 볼 수도 있지만, 노력은 노력대로 하면서도 네 의사 표현을 제대로 못할 정도로 자신을 소중히 여기지 않을 때는 문제가 생겨.

지나친 희생의 정반대편에는 상대를 배려하지 않고 자신의 생각과 감정만 줄곧 말하는 공격적인 의사소통 방식이 있어. 이런 식의 의사소통을 좋아하는 사람은 없어. 그랬다가는 갈등과 언쟁만 생길 뿐이지. 그런 사람과 함께 있을 때에는 자신이 존중받는다는 느낌을 받지 못할 테니 결국 그 사람과 거리를 두게 될 거야. 관계를 돈독하게 다지기 위해 자기주장이 필요한 건 사실이야. 하지만 여기서 말하는 자기주장이란 자신의 생각과 감정을 정직하게 표현하되 다른 사람의 관점도 존중하는 행동이야.

친구와 가족은 힘들고 우울할 때 서로의 곁에 있어 줄 수 있다는 점에서 큰 의미가 있어. 그런 순간을 공유할 수 있는 까닭은 서로 도움을 주고받을 만한 관계라는 믿음이 있기 때문이야. 이런 믿음은 끈끈한 관계로 발전하도록 도와주지. 이 모든 것은 자신이 엉망으로 느껴지더라도 마음을 열고 자신의 생각과 감정에 진실해지도록 노력할 때 가능해. 그런 모습을 보면 상대방 역시 마음을 열어도 괜찮겠다는 생각을 할 거야. 우리는 이런 방식으로 진정한 신뢰를 쌓고 단단한 관계를 만들어 나갈 수 있어.

# 힘들더라도 솔직하게 말하자

상처받을지도 모른다는 불안한 마음 때문에 자신의 생각과 감정을 표현하지 못하는 일이 생겨서는 안 돼. 힘들더라도 용기를 내서 진심을 표현해 보자. 이때 마음을 터놓고 말하기가 힘들다는 것을 솔직하게 표현하는 습관을 들이면 도움이 될 거야. 예를 들어 "나는 너를 중요하게 생각하기 때문에 이 이야기를 털어놓고 싶어. 그런데 막상 얘길 하자니 좀 긴장된다. 솔직하게 이야기하려고 나름대로 애써 볼게. 잘 들어 주면 좋겠어"라고 운을 떼는 거야.

그러면 상대방은 마음을 열고 개인적인 이야기를 할 때 느끼는 너의 두려운 마음에 공감해 줄 거야. 힘겹지만 그럼에도 불구하고 솔직하게 이야기하고 싶다는 말은 그 사람과의 관계가 그런 불편함을 감수할 만큼 소중하다는 점을 보여 줄 거야. 지금까지 솔직히 털어놓을 수 있을지 고민했던 이야기와 용기를 내서 네 마음을 보여 줄 상대를 떠올려 봐. 떨리더라도 도전해 보는 거야.

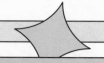

# 진심을 담아 묻자

대부분의 사람들은 '어떻게 지내?'라는 질문을 받으면 '잘 지내'라든가 '그렇지 뭐'라든가 '응, 좋아!' 같은 말을 아무 생각 없이 자동으로 대답해. 버스 기사, 택배 배달원 등 매일 가볍게 스치는 사이에서 주고받는 인사라면 그런 대답도 괜찮겠지만 친한 친구나 가족이라면 의미 있는 소통이 이루어지길 바랄 거야.

그럴 때 진심을 담아 '어떻게 지내, 진짜로?' 하고 묻는 습관이 있으면 좋겠지. 끝에 붙이는 '진짜로'라는 단어가 상대방의 주의를 끌어서 자동 답변 모드에서 빠져나오게 해 줄 거야. 그뿐만 아니라 상대방에게 관심을 갖고 있다는 점을 강조할 수도 있어. 아주 많은 사람들이 어떻게 지내냐는 질문을 그저 하나의 안부 인사로 생각하거든. '진짜로'라는 단어를 붙이면 그보다는 훨씬 진심 어리고 사려 깊은 대답을 들을 가능성이 크고 안부를 주고받은 뒤에 의미 있는 대화로 이어지면서 친밀한 관계로 발전할 거야. 바로 내일부터 시작해 봐. 최소한 다섯 사람에게 이 습관을 실천해 보는 거야. 그러면 깊은 대화로 이어지는 일이 생각보다 어렵지 않다는 사실을 알게 될 거야.

# 표현하고 설명하고 감사하자

마음속으로 생각한 것을 상대방이 알아주기를 바라는 태도는 좋은 관계를 맺는 데 불필요한 스트레스와 좌절감만 안겨 줘. 그 대신 표현하고 설명하고 감사하는 습관을 들이면 관계를 건강하게 가꿀 수 있을 거야.

**표현하기**  누군가가 이해해 주었으면 하는 일이 있거나 말하고 싶은 것이 있다면 차분하고 분명하게 이야기하자.

**설명하기**  그것이 왜 중요한지 상대방에게 간단하게 설명하는 거야. 예를 들면, 아빠에게 방에 들어오기 전에 노크를 해 주면 너만의 공간을 존중받는다는 느낌이 들 거라고 설명하는 식이지.

**감사하기**  사람들이 시간을 내서 내 이야기를 들어 줬다면 내 생각을 표현하고 설명할 기회를 준 것에 대해 고마운 마음을 전하자. 이때 상대방이 내 말에 동의하는지 여부는 중요하지 않아.

말하지 않아도 네가 무엇을 원하는지 알아주길 바라는 사람이 있다면 누구인지 떠올려 봐. 이번 주말까지 그 사람에게 표현하고, 설명하고, 감사하는 습관을 실천해 보는 거야. 무엇을 말할지 먼저 적어 봐도 좋겠지!

## 갈등 해결하기

사람은 취향과 성격이 다 제각각이라 이런저런 관계 속에서 의견 충돌이나 다툼은 늘 일어나기 마련이야. 그건 피할 수 없는 일이지. 우리가 통제할 수 있는 부분은 의견 충돌이 격한 언쟁으로 번져서 소리 지르고 욕하고 비난하다가 관계에 심각한 문제를 일으키는 일을 방지하는 거야. 서로 의견이 다르다면 차분하게 합리적인 방법으로 모두가 납득할 수 있는 결론을 찾아내야 해.

우리 뇌는 잠재적인 위험과 위협에 굉장히 빠르게 반응해. 자신은 옳고 타인은 틀렸다는 것을 증명해야겠다는 마음이 들면 우리는 자동적으로 상대방을 비난하면서 공격하는 태도를 취해. 문제는 그렇게 해서 자신이 옳다는 걸 증명할 수도 있지만 그 대가로 그 사람과의 관계를 망친다는 점이지. 다행히도 갈등의 조짐이 보일 때 우리는 뇌의 기본 세팅을 무시하고 긴장을 누그러뜨리면서 건강한 관계를 유지할 방법을 배울 수 있어.

가족과 평화롭게 지내고, 친구들과 우정을 쌓고, 학교에서 선생님들과 친밀한 관계를 맺기 위해서는 갈등을 잘 해결할 수 있는 능력이 필요해. 누군가 네 의견에 동의하지 않거나 비판적인 의견을 제시할 때 감정 조절을 못 하는 사람이 되고 싶지는 않을 거야. 의견이 다르더라도 긍정적인 방식으로 표현하면서 더 나은 해결책을 제시하는 습관이 있다면 어떨까? 이 습관을 통해 우리는 선생님과 친구들, 미래의 직장 동료와 잘 지내면서 훨씬 많은 기회를 얻고 원하는 자리에도 오를 가능성도 높일 수 있어! 갈등을 능숙하게 해결하는 것은 리더가 지녀야 할 귀중한 자질이야. 지금부터 그 구체적인 방법들에 대해 알아보자.

# '나' 대화법을 사용하자

갈등을 해결하기 위한 첫 번째 규칙은 상대방의 성격이나 가치관을 공격해서 개인적인 문제로 만들지 않아야 한다는 거야. 누구에게나 자신의 의견을 표현할 권리가 있어. 너와 다른 방식으로 문제를 바라본다는 이유만으로 그 사람을 나쁜 사람 취급해서는 안 돼. 의견이 다르다고 해서 그 사람까지 싫어할 까닭은 없어.

'너는'이 아닌 '나는'으로 시작하는 문장으로 말하면 자신의 관점으로 이야기할 수 있어. 예를 들면, '너는 정말 잔인하구나'라거나 '너는 그렇게 생각이 없냐'라고 말하는 대신 '나는 네가 초대해 주지 않아서 속상했어'라거나 '나는 네가 무슨 생각으로 그랬는지 이해하려고 애쓰고 있어'라고 말하는 거야. 이런 습관은 상대방에게 비난을 퍼붓는 행동을 삼가면서 자신의 관점으로 이야기하도록 도와줘. 최근에 겪은 갈등을 떠올려 보고 그 상황에서 '나는' 화법을 어떻게 사용하면 좋았을지 생각해 봐. 그리고 글로 적어 두는 것도 잊지 마!

# 상대방의 말을 끝까지 듣자

내 이야기만 계속하면서 상대방에게 말할 기회를 주지 않는다면 작은 갈등도 순식간에 고성이 오가는 싸움으로 커질 수 있어. 이런 일이 벌어지는 까닭은 내 주장을 말하는 데에만 지나치게 집중하기 때문이야. 해결책은 간단해. 상대방의 의견에 동의할 수 없더라도 일단 조용히 귀를 기울이자. 가끔 사람들은 누군가 자신의 이야기를 들어 주는 것만으로 만족하기도 해.

누군가와 논쟁하고 있다면 우선 마음속의 일시 정지 버튼을 누르고 그 사람이 하는 말에 귀 기울여 봐. 심호흡을 하면서 차분하게 무슨 말을 하는지 진심으로 경청하는 거야. 단순히 잘 듣기만해도 상대방의 주장에도 나름의 논리와 공정성이 있다는 점을 인정하고 해결책을 찾을 가능성이 커. 상대방을 판단하는 것이 아니라 이해해 보는 거야.

# 부끄럽다면 사과하자

자랑스럽지 못한 말이나 행동을 했을 때 가장 중요한 것은 네 자아가 불쑥 끼어들도록 놔두지 말아야 한다는 거야. 십중팔구 올바른 행동을 하지 못하도록 방해할 테니까. 대신 '미안해. 그렇게 하는 건 옳지 못했어'라고 사과하는 습관을 들이자. 눈을 마주 보고 하는 진심 어린 사과는 상대방의 마음을 열고 화를 누그러뜨리게 해. 그러면 관계가 돌이킬 수 없이 나빠지는 상황을 피하고 문제를 해결하기 쉬워지지.

반면, 다른 사람이 평소 같지 않은 행동을 할 때는 너그러운 마음이 필요해. 마음이 풀어지는 데 시간이 걸릴 수도 있겠지만 상대방이 진심으로 미안해한다면 용서하겠다는 마음을 접지 않도록 하자. 누군가를 향해 원망을 품으면 결국 괴롭고 힘든 쪽은 자신이야. 혼자 감정의 짐을 계속 짊어진 채 살아가야 하기 때문이지.

잠깐 멈추고 아래의 질문에 대한 답을 적어 봐.

**1** 최근 누군가에게 사과해야 할 일이 있었나요?
그렇다면 누구에게 언제 사과할 건가요?

_____

_____

_____

_____

**2** 이제 그만 용서하고 원망하는 마음을 털어 버리고 싶은 누군가가 있나요? 그 사람은 누구이며 언제 그 짐을 내려놓을 생각인가요?

_____

_____

_____

_____

## 긍정적인 관계 맺기

친구를 비롯해 늘 함께 어울리는 주변 사람들에게 마음을 쓰는 일은 매우 중요해. 나는 청소년 시절에 좀 내키지 않는 일을 하면서도 우정을 지키려 했던 기억이 나. 진정한 친구라면 그래야 한다고 생각했거든. 사실, 진정한 친구는 남에게 무엇을 하라고 강요하지 않아.

좋은 친구란 어떤 존재일까? 함께 즐거운 시간을 보내고 필요할 땐 서로 기대기도 하고 비밀도 털어놓을 수 있는 친구여야 하겠지. 관심 분야를 공유하는 것을 넘어 가치관과 성격에 어떤 공통점이 있는지 알아 가다 보면 서로에게 도움이 되는 친구로 성장할 수 있을 거야. 또래나 친구 관계를 넘어서 선생님이나 지도자들, 믿을 만한 어른들과도 끈끈한 유대감을 형성하는 단계로 우정을 확장할 수 있겠지.

존경하는 사람들 중에 멘토를 찾아 소통하면서 조언을 구하는 것도 십 대라는 혼란의 시기를 헤쳐 나가는 데 큰 도움이 돼. 믿을 만한 어른은 풍부한 인생 경험을 통해 네가 겪고 있는 힘든 상황을 좀 더 쉽게 이해하고 판단하도록 큰 힘이 되어 줄 거야. 어른들은 가르치려고만 든다는 생각에 다가가기 꺼려질 수도 있어. 하지만 대부분의 좋은 멘토들은 자신들이 어렸을 때 곁에 있었으면 하는 어른이 되려고 노력해. 그분들도 한때는 어려움을 겪던 십 대였으니까.

　마음을 열고 믿을 만한 어른에게 고민을 털어놔 봐. 그분들의 지혜와 조언이 네 삶을 최선의 길로 인도해 줄지도 몰라. 그러다가 언젠가 너도 미래의 십 대에게 같은 역할을 해 줄 수도 있겠지.

# 나에게 있었으면 하는 친구가 되자

단단하고 좋은 우정으로 발전하려면 친구들이 어떤 방식으로 결정하고 행동하는지 관심을 가져야 해. 친구의 행동이 네 가치관과 맞지 않는다면, 그에 맞게 행동하는 친구를 찾는 편이 좋아! 못되게 굴거나 친구를 밀어내야 한다는 뜻이 아니야. 정직, 친절, 존중 같은 좋은 가치에 충실하도록 서로에게 도움이 되는 사람인지 신중하게 볼 필요가 있어.

그런 친구를 어떻게 찾냐고? 가장 좋은 방법은 네가 직접 그런 친구가 되는 거야! 사려 깊고 너그럽지만 스스로를 돌볼 줄 아는 사람이 되어 봐. 그러면 너처럼 좋은 친구를 사귈 수 있을 거야. 지금 네가 중요하게 여기는 가치 세 가지를 적고 그런 가치를 추구하는 친구를 한 명 이상 적어 보자.

### 나에게 중요한 가치

1. _____

2. _____

3. _____

내 주변에 그런 자질을 지닌 친구는 누가 있을까?

**146**

# 멘토를 정해 매달 조언을 구하자

롤모델과 멘토를 정해 두고 네 생각을 털어놓고 조언을 구하는 일은 매우 중요해. 아직 멘토가 없다면 주변에서 신뢰하고 존경하며 편안하게 대화할 수 있는 어른을 찾아보자. 네가 관심 있는 분야의 전문가일 수도 있고, 존경 받는 유명인일 수도 있어. 그분들의 경험 중 너의 개인적인 목표와 가장 밀접하게 관련 있는 것이 무엇인지 알고 싶을 거야. (31쪽 목표 찾기를 참고해.) 생각나는 어른을 정했으면 다이어리나 핸드폰 메모 앱에 기록하거나 컴퓨터에 저장해 두자.

생각해 둔 어른들에게 연락해서 멘토가 되어 줄 수 있을지 묻고 이야기를 나눌 시간을 정해 보는 거야. 목표와 고민을 털어놓고 조언을 듣고 싶다고 말씀드리자. 그분들이 너에게 도움이 되리라고 생각한 이유를 설명해도 좋겠지. 너의 제안을 받아들여 준다면(그럴 가능성이 커!), 오프라인에서 만나거나 이메일을 주고받거나 전화로 대화를 나누며 피드백과 조언을 듣는 거야.

# 멘토는 어디에나 있어!

요즘에는 손가락만 까딱하면 최고의 멘토와 롤모델에게서 조언을 듣고 배울 수 있어! 다양한 오디오 강연과 온라인 동영상을 통해 어려움을 극복하고 멋진 삶을 향해 나아가도록 도와주는 값진 조언과 비결을 들을 수 있거든.

유튜브에서 관심 있거나 배우고 싶은 주제를 검색해서 보고 싶은 에피소드를 골라 봐. 이 책 마지막 부분에 들으면 도움이 될 만한 온라인 강연과 팟캐스트를 정리해 뒀어.

## 오프라인형 인간 되기

오늘 밤에 친구가 자기 집에서 같이 게임을 하자고 연락이 오면 너는 한숨부터 쉬어. 옷을 갈아입고 엄마한테 친구 집까지 좀 태워 달라고 부탁하느니 침대에 누워서 인스타나 하는 편이 낫다는 생각이 들거든. 너는 친구에게 오늘은 안 되니까 다음에 시간을 잡자고 문자를 보내려는데…. 잠깐, 여기서 멈추고 얘기 좀 해 볼까!

이 시나리오에 공감하는 사람이 많을 거야. 카톡으로 대화하는 게 직접 만나는 것보다 훨씬 편하기 때문에 온라인으로 친목을 유지하는 편이 좋다고 말할 수도 있겠지. 온라인으로 만나면 어색한 순간을 겪을 필요도 없고, 누군가가 옷이나 외모 따위로 너를 판단할까 봐 걱정하지 않아도 되니까. 이렇게 장점이 많은데 과연 직접 만나야 할 이유가 있을까?

통계에 따르면 미국 십 대들은 하루에 약 9시간을 핸드폰을 하며 보낸다고 해. 그래서인지 현재의 십 대들(Z세대라고 부르기도 해)을 역사상 가장 외로운 세대라고 말하기도 하지. 온라인 상으로도 다양한 방법으로 즐겁고 재미있게 우정을 쌓을 수 있지만 직접 친구들과 만나는 일도 분명 필요해. 15세에 친구들과 끈끈한 유대관계를 맺은 십 대들은 친구와의 우정을 중요시하지 않은 십 대들에 비해 10년 뒤 불안과 우울을 훨씬 적게 경험하고 자존감도 훨씬 높았다는 연구 결과도 있어.

　십 대 시절 가장 기억에 남는 순간은 친구들과 함께 어울린 경험일 거야. 그러니까 사람을 사귈 때 소셜 미디어와 온라인 상에서의 의사소통은 때때로 소통하는 수단으로만 활용하고 모든 친목 활동을 온라인으로만 하지는 말자. 다른 사람들과 직접 교류하면서 가끔씩 느끼는 낯설고 어색한 기분은 깊고 의미 있는 우정을 쌓아 나가기 위해서 치르는 소소한 대가야.

# 매주 친구와 '타이거 타임' 갖기

일주일에 적어도 한 시간은 학교 밖에서 친구들과 함께 시간을 보내기로 약속하고 오프라인 추억을 만드는 습관은 어때? 일요일 저녁이 되면 친구와 그 주에 만나서 함께 놀 약속을 잡아 봐. (약속을 정하면 일정에 기록하거나 알림을 설정해 둬.) 운동을 한다거나 쇼핑몰에 간다거나 보고 싶은 드라마나 영화를 몰아보는 등 함께 즐길 만한 활동을 제안해 봐도 좋겠지.

　나는 이런 시간을 '타이거 타임'이라고 불러. 친구와 함께 '타이거 타임'을 만들고 그 시간만큼은 아무것도 방해하지 못하도록 철저하게 지키는 거야. 엄마 호랑이가 새끼를 보호하는 것처럼 말이야. 친구랑 같이 그 시간을 소중하게 여기면서 지켜 보자. 온라인상에서만 노는 것보다 훨씬 재밌고, 끈끈한 우정도 쌓을 수 있을 거야!

# 한 달에 한 번 즐거운 이벤트

스포츠 경기, 뮤지컬, 연극, 모금 행사, 동아리 공연, 초청 강연 등 학교 연간 일정표에는 여러 행사가 있어. 그 행사를 잘 활용하면 또래 친구들과 어울리면서 추억을 만들 기회로 삼을 수 있지. 홈 스쿨링을 하는 중이라면 온라인에서 같은 지역 홈스쿨링 연합 모임에서 개최하는 행사를 찾아봐도 좋겠지! 농구 동아리 경기를 관전하거나 주민센터나 구청에서 열리는 공연을 관람하는 등 학교에서 공지해 주는 행사를 매달 하나씩 골라 친구들과 함께 참여하는 습관을 들여 봐! 만약 같이 가자고 할 사람이 없다면, 용기를 내서 혼자라도 가 보는 거야. 그곳에서 새로운 친구를 만날 절호의 기회가 생길지도 모르잖아!

일단 그곳에 가서 새로운 것도 배우고 즐거운 시간을 보내다 보면 가길 잘했다는 생각이 들 거야. 이런 경험을 가족이나 친구에게 들려주면 대화거리나 추억도 훨씬 풍성해지겠지.

# 낯선 사람에게 말 건네기

지금껏 쌓아 온 습관에 한 가지만 더 덧붙여 본다면, 많은 사람이 어울리는 모임에 참석했을 때 그날 처음 온 사람에게 말을 건네는 습관을 만드는 거야. 딱 한 사람에게 말을 걸자고 마음먹고 실천하다 보면, 사람들과 대화할 때 수줍음도 덜 타고 사회성도 기를 수도 있어. 처음엔 좀 불편하고 긴장되기도 하겠지만, 일단 시작하면 곧 긴장이 가라앉을 거야.

혼자 있다거나 친구가 필요해 보이는 사람이 보이면 먼저 다가가서 자신을 소개해 봐. 안면이 있지만 친한 사이가 아니라면 "안녕, 여기는 어떻게 오게 됐어?"라고 물으면서 자연스레 대화를 시작할 수도 있어. 그 대화가 새로운 우정으로 이어지는 작은 불꽃이 되어 줄지도 몰라!

## 친절하게 행동하기

우리에게는 '친절'이라는 초능력이 있어. 만약 사람들이 이 능력을 자주 사용한다면 모두 지금보다 덜 힘들지도 몰라. 크건 작건 간에 친절이라는 선물은 힘든 날에도 웃을 이유가 되어 주고 세상은 좋은 곳이라는 사실을 새삼 깨닫게 해 주잖아. 6주 동안 주변 사람들에게 매일 친절을 베푼 학생들의 행복감이 40%나 증가했다는 연구 결과도 있어.

문제는 우리가 가끔 상대방의 친절을 당연하게 여긴다는 데 있어. 특히 부모님과 선생님이 베푸는 친절을 그렇게 여기기 쉬워. 우리는 그분들에게 받는 다정한 호의를 당연한 권리처럼 느끼기 쉽지. 누구나 우리를 친절하게 대해야 한다는 법 같은 것은 없는데도 말이야. 게다가 우리는 누군가의 요구로 마지못해 참석한 자리에서는 덜 친절하게 행동하는 경향이 있어. 상대를 배려하지 않고 불친절하게 구는 행동은 우리의 인격을 깎아먹기 때문에 그러지 않으려고 의식적으로 노력해야 하지. 친절하고 존중하는 태도를 갖추려면 끊임없이 노력해야 해. 마음에 안 드는 어른들에게조차 말이야. 최선을 다해 예의를 갖추고 시간을 들여 상대방의 말에 귀 기울이는 태도는 관계를 건강하게 유지하는 데 도움이 되고 결국 모두 행복해지는 길이야.

어쩌면 이런 말에 거부감이 들지도 몰라. 다른 사람이 나를 존중해 주지 않는데 존중할 마음이 들겠냐고 반박하고 싶을 수도 있어. 하지만 상대방의 행동에 욕하거나 소리 지르는 식으로 대응한다면 그건 '너의 선택'이지 상대방의 잘못이 아니야. 무례한 행동은 네게 자책과 비참한 기분만 남길 뿐이지. 그뿐만 아니라 세상을 부정적으로 바라보고 판단하게 만들기도 해. 그런 거부감과 갈등이 줄어들기를 바란다면, 너와 내가 직접 나서서 친절과 배려가 언제나 가능하다는 모범을 보여야 해. 누군가 불친절하고 공정하지 않은 행동을 할 때조차 말이야.

# 문을 잡아 주자!

매일 아주 간단하게 실천할 수 있는 친절 한 가지는 내 뒤에 들어오는 사람을 위해 문을 잡아 주는 거야. 사소하고 의미 없는 행동이라고 생각할 수도 있어. 하지만 뒤에 들어오는 사람에게는 이 행동이 결코 작지 않아. 네가 자신을 보고 조심하도록 신경 써 준다는 사실을 알게 될 테니까. 세상에는 아주 많은 사람이 아무도 자신에게 신경 쓰지 않는다는 생각에 외로워하면서 자신이 투명 인간 같다고 느끼며 살아가. 문을 잡아 주는 건 그런 사람의 하루를 뒤바꿔 놓을 만큼 대단한 행동이 될 수도 있어.

문을 열 때 주의를 기울이는 습관을 들여 봐. 누군가 뒤따라 들어온다면 그 사람이 지나갈 수 있도록 문을 잡고 잠깐 기다리는 거야. 동생이든 선생님이든 길거리에서 우연히 마주친 낯선 사람이든, 그 사람을 위해 문을 잡아 주면 그 사람도 그런 친절을 베풀게 될 거야.

# 질문을 바꿔 보자 '나라면 어땠을까?'

상대방이 무례하게 굴거나 불쾌한 말과 행동을 할 때 친절하게 대응하는 건 쉽지 않아. 나는 그런 상황에서 너그럽게 대처할 수 있는 효과적인 습관을 실천하고 있어. 잠시 멈춰서, 방어적인 행동은 과거의 상처나 불안감으로 인한 고통에서 나오는 경우가 많다는 사실을 떠올리는 거야.

'어떻게 저럴 수 있지!'라고 생각하기보다 '만약 내 마음속 깊이 두려움이나 상처가 있다면 상대방이 어떤 식으로 반응해 주면 고마울까?'라고 질문을 바꿔서 부정적인 생각의 고리를 끊어 버려야 해. 그 질문의 답은 항상 따뜻한 마음으로 남에게 친절하게 행동하는 거겠지? 설령 행동까지는 하지 않더라도 생각을 달리해서 자신에게 선의가 있었음을 아는 것만으로도 자신이 꿈꾸는 좋은 사람의 모습에 가까워질 수 있어. 여기서 더 발전하면 다른 사람들을 너그럽게 대할 수도 있을 테고 말이야. 함께 있기 힘든 사람의 이름을 적고 이번 주에는 그 사람의 좋은 점을 찾아보기로 하자. 너와 그 사람 모두를 위해서!

# 고맙다고 인사하자

고맙다는 말은 어렸을 때부터 머릿속에 깊이 새겨질 정도로 자주 들었을 거야. 그런데도 우리는 일상생활 속에서 고맙다는 인사를 자주 하지 않아. 고맙다는 인사를 받은 사람은 기분 좋은 하루를 보내겠지. 생각해 보면 세상에는 늘 감사할 것들이 넘쳐! 주문한 음식을 건네는 음식점 직원, 수업 자료를 나눠 주는 선생님, 늦게까지 남아서 네 공부를 도와주는 친구 등 항상 고마운 일이 있으면 고맙다고 말하는 걸 잊지 마.

고맙다는 말을 할 때는 웃는 얼굴로 상대방의 눈을 바라보면서 진심을 담아야 해. '고맙습니다'라는 인사는 말하는 사람의 기분도 좋아질 뿐만 아니라 듣는 사람의 하루를 행복하게 해 줘. 그리고 이런 행복 바이러스는 다른 누군가에게로 잔물결처럼 퍼져 나갈 거야! 내일 고맙다고 인사할 사람을 한 명 떠올려 봐. 그 사람의 이름을 적어 두자.

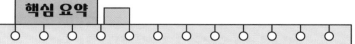

◇ 마음을 열고 솔직하게 소통하면 튼튼한 관계로 발전할 수 있어!

◇ '나는'으로 시작하는 문장을 사용하고 다른 사람들의 말에 귀기울이면 갈등을 줄이고 해결하는 데 큰 도움이 돼.

◇ 때로는 의식적으로 노력해야 하겠지만, 친구들과 약속을 잡아 함께 어울리는 일은 우정을 돈독히 다지는 것은 물론, 정신 건강에도 큰 도움이 되는 일이니 애쓸 가치가 충분해.

◇ 친절함의 가치를 과소평가해서는 안 돼. 다른 사람을 냉혹하게 판단하기에 앞서 선의를 믿어 주자. 대부분은 좋은 의도로 행동하기 마련이야.

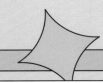

## CHAPTER 7

# 벌써 용돈을 다 써 버렸다면

### 진짜로 갓생사는 습관

이번 장의 제목은 좀 웃기게 들릴지도 몰라. 하지만 세상을 더 나
은 곳으로 만드는 데 한몫하는 사람이 되기 위한 값진 정보로 가득
채워 뒀어. 약속할게. 학교에서는 배우지 못할 중요한 삶의 교훈
을 이번 장에서 얻을 수 있을 거야. 자, 시작해 보자!

떡볶이
콜?

콜!

콜! 좋아!

나는 못 가…
이번 주 용돈 다 떨어짐.

나도
먹고 싶은데…

벌써? 아직 수요일인데?
용돈 관리가 필요하겠군.

에궁…

500

뿌듯!

내가 꿀팁 알려 줄까? 나는 작년부터
매일 500원씩 저금하는 쿵.

오 멋진데?

나도 이제부터 매일
1000원씩 통장에 넣을래!

저금통이 무거워질 때마다
얼마나 뿌듯하다고!

꿀꿀

## 예산 짜기

나는 14살이 되던 날부터(호주에서는 아르바이트를 시작할 수 있는 나이야) 매주 목요일 저녁과 주말에 동네 신발 가게에서 일했어. 학교 과제며 운동이며 할 일이 너무 많아서 솔직히 힘들 때도 많았어. 하지만 월급이 들어올 때면 내 힘으로 돈을 벌었다는 생각에 자부심이 생기기도 했지.

부모님에게 용돈을 받지 않게 되면 꽤나 자유로운 기분이 들어. 독립적인 느낌도 들고 삶에 대한 책임감도 커져. 문제는 대부분의 청소년들은 돈이 생겨도 저축에는 관심을 갖지 않는다는 점이야. 5만 원이든 50만 원이든 순식간에 0원이 되거나 아니면 더 나쁜 경우도 있어. 빚을 지고 더 많은 돈을 빌리는 상황 말이야!

예산 짜는 법을 배우면 그런 상황을 피할 수 있어. 성인이 되어 경제적으로 독립해 생활 기반을 닦는 데에도 예산 짜는 일은 도움이 돼. 예산은 매달 들어오는 돈과 나가는 돈을 계산하는 일이야. 예산을 짜면 자신이 원하는 것에 쓰기 위해 얼마 정도를 남겨 둬야 할지 정할 수 있어. 핸드폰 요금이나 교통비같이 매달 고정적으로 나가는 돈을 계산해서 처리하는 것이 우선이야.

처음에는 예산을 짜는 일이 쉽지는 않을 거야. 예산을 잘 짜려면 얼마나 저축해야 할지 명확하게 정해 두는 것부터 시작해야 해. 그러면 사고 싶은 것이 생기더라도 예산에서 벗어나지 않도록

**162**

해 주거든. 예컨대, 십 대 때 나는 새 핸드폰을 사기 위해 일주일에 2만 원씩 모으기로 마음먹고 점심을 사 먹는 대신 도시락을 싸서 다니기로 했어. 별거 아니라고 생각할지도 모르겠지만 나는 그렇게 해서 6개월 동안 60만 원을 모았고 그 돈으로 새 핸드폰 가격의 반을 지불했어. 생각보다 훨씬 빨리 목표에 도달했지 뭐야!

부모님과 함께 사는 동안은 지출이 크지 않겠지만, 고등학교를 졸업하고 독립하면 상황이 빠르게 변할 거야. (그때는 식료품, 인터넷 사용료, 핸드폰 요금 등등 지출이 늘어날 테니) 지금이야말로 예산을 세워서 돈 관리를 시작할 절호의 기회야. 이 습관은 나중에 커다란 보상으로 되돌아올 거야. 틀림없어! 이런 저축 습관을 지금 만들어 놓으면 10년 후에는 지금의 너에게 엄청 고마워하게 될 거야!

# 저축 계좌를 분리해서 관리하자

내가 십 대 때 익힌 예산 짜기 습관 중 가장 좋았던 것은 장기적인 목표를 위한 돈을 따로 모아 두는 거였어. 매일 사용할 돈과는 별개로 저축할 돈을 (돼지 저금통에 모으든 은행 계좌를 만들든) 따로 떼어 관리하면 실수로 무언가에 돈을 너무 많이 쓰는 일을 미연에 방지하거나 그렇게 하고 싶은 유혹을 이겨 낼 수 있어!

노트북 구입, 해외 여행, 코딩 학원 비용 등등 2~3년 뒤에 갖거나 하고 싶은 세 가지를 적어 놓고 꼬박꼬박 저축하는 거야. 예산을 초과해서 돈을 쓰고 싶은 충동이 싹틀 때 종이를 보면 도움이 될 거야!

# 간편한 예산 편성 방법

나에게 필요한 예산이 얼마인지, 저축은 얼마나 해야 할지 어떻게 알 수 있을까? 매월 1일이 되면, 종이와 펜을 준비하거나 문서 파일이나 스프레드시트를 열고 다음 단계를 따라 예산을 정하는 습관을 들여 봐.

**1** 이런저런 경로로 들어오는 돈을 모두 합친 그 달의 수입을 적는다. (아르바이트 시급, 용돈 등등)

**2** 매달 고정적으로 나가는 비용을 계산한다. 부모님과 함께 살고 있다면 대부분의 비용을 부모님이 내 주실 테고, 그 외에 핸드폰 요금, 교통비, 식비 등 고정 지출을 계산한다.

**3** 수입에서 고정 지출을 뺀 뒤 남는 돈이 얼마인지 계산한다.

**4** 남은 돈을 나눠서 매달 50%를 용돈으로 사용하고 50%를 목표를 위한 저축액으로 잡는다.

**5** 수입과 지출을 살펴 필요에 따라 조정한다. 예상하지 못한 일 때문에 여분의 돈이 필요하다면 저축한 돈이 아니라 용돈으로 잡아 놓은 예산에서 빼는 습관을 들인다. 저축을 항상 최우선으로 생각해야 한다!

# 학생증이나 청소년증으로 절약하자

혹시 청소년증 할인 가맹점이 있다는 거 알고 있니? 네가 살고 있는 지역에도 가맹점이 있는지 꼭 확인해 봐. 이거야말로 쉽게 돈을 절약해서 예산을 잘 지킬 수 있는 방법이지. 온라인이든 오프라인이든 물건을 구매할 때 학생 할인이 있는지 꼭 확인해 봐. 최악의 상황이래 봐야 학생 할인은 없다는 말을 듣는 것뿐이야. 고등학생이나 대학생 등 아직 특정 연령이 되지 않았더라도 미리 학생 할인 제공 여부와 대상을 파악해 두면 그 연령이 되었을 때 모아 둔 금액보다 더 값이 나가는 제품을 살 수 있을 거야.

## 선행 나누기

'페이 잇 포워드(Pay it forward)'라는 말 들어 봤니? 나는 이 말을 처음 들었을 때 한 줄로 늘어선 사람들이 맨 앞에 있는 사람에게 돈을 전해 주는 장면을 상상했어. 실은 문자 그대로의 의미와는 사뭇 다른 말로, 누군가에게 도움을 받은 뒤 또 다른 사람에게 선행을 나누어 준다는 뜻이지. 즉 '선행 나누기'는 이타심에 관한 말이야.

이 말과 관련된 개인적인 경험을 말해 줄게. 한 학교에 강연을 하러 가는 길에 교통 신호를 기다리고 있었는데, 한 남자가 내 차로 다가와서 타이어에 바람이 빠졌다고 알려 줬어. 그 사람이 아니었더라면 운전하는 중에 문제가 생겨서 강연에 가지 못했을 거야. 굉장히 고마웠지만 짧은 감사 인사만 건넸을 뿐 긴 이야기를 나눌 틈이 없었지. 그날 저녁 집에 돌아오니 메일이 한 통 와 있었어. 코칭 사업을 시작하려고 준비 중인데 조언해 줄 수 있느냐는 내용이었지. 그 메일은 내가 받은 선한 행동을 나눌 기회였어. 나는 흔쾌히 아무런 대가 없이 메일을 보낸 사람에게 조언을 해 주었어. 그때 기분은 이루 말할 수 없을 정도로 좋았어.

누군가의 배려에 진심으로 고마움을 느꼈던 때를 생각해 봐. 네가 수학 문제 푸는 것을 도와주느라 늦게까지 함께 있어 주었던 선생님, 네 기분이 좋지 않을 때 이야기를 들어 주기 위해서 즐거운 토요일 밤을 포기했던 친구일 수도 있겠지. 이런 경험이 바로 누군가 베풀었던 선한 행동을 건네받는 사례일 거야. 때로는 행동이 아니라 돈처럼 물질적으로 도움을 줄 수도 있어. 거스름돈을 노숙자를 위해 기부한다거나 네 뒷사람이 주문할 음료 값을 대신 지불하는 식으로 말이야.

일상생활 속에서 친절한 행동을 하기 위해 관심과 노력을 기울여 보자. 아무런 이유 없이 베푸는 친절은 네 마음을 기쁨으로 가득 채워 줘. 우리는 모두 더불어 살아가는 존재야. 개인적인 성공과 성취만을 추구하면서 살다 보면 잊기 쉬운 부분이지. '선행 나누기'를 실천하면 인생에서 진정한 성공은 무엇을 이루느냐가 아니라 어떤 사람이 되느냐에 달렸다는 사실을 알게 될 거야. 받은 것에 감사하는 마음을 세상에 돌려주는 사람이 되어 보자.

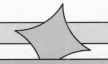

# 하루에 한 번 진심을 담아 칭찬하기

친절이라는 초능력을 발휘해 기쁨을 나눌 수 있는 가장 쉬운 방법은 하루에 한 사람씩 진심을 담아 칭찬하는 습관을 들이는 거야. 친구에게 옷이 잘 어울린다고 말해 주거나 음식점 직원에게 맛있게 먹었다고 인사하거나 버스 운전사에게 안전하게 운전해 준 데에 감사 인사를 전하는 등 방법은 다양해. 우리는 이런 생각을 그저 마음에만 품고 있을 때가 많아. 칭찬하는 말에는 힘이 있어서 듣는 사람을 기분 좋게 하고 자신감도 북돋워 줘!

내일의 목표(이제 매일의 목표가 되겠지!)는 최소한 한 사람에게 그 사람의 장점이나 네가 눈여겨봤던 점을 칭찬하는 일이야. 장점은 누구에게나 있어. 너도 곧 알게 될 거야!

# 양보하자

우리는 경쟁 때문에 이리저리 치여 살다가 목표를 잃는 경우가 허다해. 그런 모습은 서로를 돌보는 공동체의 모습과는 정반대지. 그러니 서로 양보하는 태도가 몸에 배도록 우리가 직접 변화를 이끌어 내 보는 건 어떨까?

대중교통이나 공원 벤치처럼 좌석이 제한된 공공장소에서(신호로 삼아!) 네 옆에 노약자가 서 있는 모습을 보면 앉아 있던 자리를 양보해 보는 건 어떨까. 편안히 앉아 있던 자리를 내어놓아야 하지만, 먼저 친절을 베풀었다는 생각에 엄청 뿌듯할 거야. 자리를 양보 받은 사람이 그날 무슨 일을 겪었는지는 알 수 없지만 네 덕분에 마음이 한결 따뜻해질 테고, 넌 네가 베푼 친절을 마음속에 자랑스럽게 간직할 수 있어! 기회가 닿는 대로 실천해 봐.

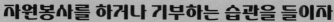

# 자원봉사를 하거나 기부하는 습관을 들이자

정기적으로 자원봉사를 하거나 기부하는 습관으로 네가 사는 지역에서 나눔을 실천해 보는 거야. 매달 날짜를 정해 핸드폰 알람을 맞춰 두면 까먹지 않겠지! 자선 활동을 목적으로 참여할 수 있는 일은 셀 수 없이 많아. 다음 목록을 참고해 봐.

◇ 동물 보호소 등에서 자원봉사 하기

◇ 작아진 옷은 단체에 기부하기

◇ 자선기금 마련을 위한 달리기 행사에 참가하기

◇ 마음에 품고 있던 단체나 행사에 기부하기

◇ 지역 환경 보호 단체에 가입해서 공원 등 청소하기

◇ 필요한 단체에 식료품을 기증하거나 소외된 이웃에게 배식 봉사하기

◇ 군인이나 복지원 어르신들에게 편지 쓰기

**172**

## 지구를 위해

깜짝 퀴즈를 내 볼게! 다음 문장이 진실인지 거짓인지 맞춰 봐.

a. 세상에는 대략 3조 그루의 나무가 존재하는데, 이는 1만2천 년 전 농경 사회가 시작될 당시보다 절반가량이 줄어 든 것 이다.
b. 미국인은 매일 평균 2kg 가량의 쓰레기를 만들어 낸다.
c. 미국에서 발생하는 쓰레기 중 약 75%가 재활용이 가능한 데, 실제로 재활용되는 비율은 30% 정도다.

믿기 힘들겠지만 위의 세 문장은 모두 진실이야. 환경을 해치지 않도록 우리의 선택 하나하나에 신경 써야 하는 이유기도 하지. 음식을 포장하는 일에서부터 형광등을 얼마나 켜 두었는지 등 일 상생활에서 우리가 하는 선택은 환경에 큰 영향을 끼쳐.

다행인 점은 우리 모두가 시민으로서 책임감을 가지고 쓰레기 를 줄이려 노력하면 지구에 미치는 영향을 아주 작게라도 줄일 수 있다는 거야. 재활용은 간단하면서도 아주 효과적인 방법이 야. 플라스틱 병 하나를 재활용하면 100와트 전구를 4시간 동안 켤 수 있는 에너지를 절약할 수 있어! 쓰레기 매립지뿐만 아니라 공기를 오염시키는 폐기물도 줄어들겠지. 일석이조인 셈이야!

세상에 관심을 갖고 환경을 돌보기 위해 우리의 생활 방식을 완전히 바꿔야 하는 것은 아니야. 단지 선택을 할 때 잠깐이라도 환경을 떠올려 봐. 이제 지구를 지키기 위해 우리가 익혀야 할 습관을 찾아보자!

# 아껴 쓰고 다시 쓰고 재활용하자!

음료수 병이나 이면지를 쓰레기통에 버릴 때마다 잠시 멈춰서 '재활용이 가능한가'라고 생각해 보자. 우리가 매일 사용하는 물품의 상당수가 재활용 가능해. 종이, 플라스틱, 마분지, 알루미늄 캔, 유리…. 하지만 물건을 버릴 때 신경 써서 살피지 않으면 놓치기 쉬워. 재활용도 중요하지만 재사용에도 관심을 기울여 보자. 재사용은 가공하는 절차 없이 제품을 그대로 다시 사용하는 것이라 그야말로 친환경적인 방법이야.

쓰레기를 버릴 때마다 지금 버리려는 쓰레기가 재활용 가능한지 따져 보는 습관을 들여 보자. 집에 분리배출용 통을 마련해 두고 재활용할 수 있는 재질이라면 분리배출 통에 모아 두었다가 한꺼번에 배출하면 돼. 그런 행동 하나가 우리 환경에 미치는 파급효과는 어마어마해. 예를 들어, 알루미늄 캔 한 개를 재활용하면 3시간 동안 컴퓨터를 사용할 수 있는 양의 전력을 절약할 수 있어!

# 텀블러를 사용하자

1500개. 이 숫자는 미국에서 1초당 소비하는 플라스틱 물병 개수야! 정말 엄청나지 않아? 1분도 아니고 1초라고! 플라스틱 병은 재활용이 가능하지만, 재활용하기 위해 잘게 자르는 과정에서 엄청난 에너지를 사용하고 공해가 발생해. 플라스틱 물병 사용을 멈추는 것이야말로 환경 보호를 위한 최고의 습관이겠지.

플라스틱 물병 대신 텀블러를 마련해서 매일 들고 다니자. 플라스틱 물병 사용을 줄이면, 플라스틱 물병에 대한 수요도 줄어들 테고 플라스틱 물병 생산량도 줄어들겠지. 플라스틱 물병을 생산하는 데 미국에서만 매년 석유 1700만 배럴(약 27억 리터)이 사용된다는 점을 생각해 보면 텀블러를 들고 다니는 습관은 굉장히 중요해.

# 스위치 한 번 클릭으로 환경을 지키자!

지금 소개할 습관은 나도 아직 완벽하게 지키지는 못하지만 환경에 엄청난 도움이 되는 실천 방법이야. 빈방을 나갈 때마다(신호로 삼아야겠지) 불을 끄는 거야. TV, 핸드폰 충전기, 프린터 같은 다른 전자 제품을 사용하지 않을 때도 스위치를 끄거나 플러그를 뽑는 게 좋아. 사소해 보일지 몰라도 매일 실천하면 환경에 큰 도움이 되는 습관이지.

## 열심히 도전하기

꿈을 이룬 사람을 보면 그렇지 않은 사람에 비해 운이 좋았다고 만 생각하기 쉬워. 그런 사람들에게는 마치 원하는 것을 마법처 럼 쉽게 얻는 비결이라도 있는 듯 보이지. 요즘은 누구나 소셜 미 디어에 짧고 흥미진진한 영상을 올릴 수 있는 시대야. 그래서인지 성공이 예정된 일처럼 별다른 노력을 하지 않더라도 앉은 자리에 서 뚝딱 이뤄지는 듯 보이기도 해.

하지만 그 사람이 성공하기 전에 했던 노력을 보면 그런 경우는 드물다는 사실을 알 수 있어. 예를 들면 J. K. 롤링은 〈해리포터〉 를 펴내기 전에 12곳의 출판사에서 거절당했어. 내가 처음 고등 학교에서 강연을 시작할 때는 600통의 이메일을 돌려서 8곳에서 강연 예약 메일을 받았는데, 그마저도 해내지 못할 것 같다는 기 분이 들었지.

남들이 하룻밤 사이에 성공한 것처럼 보이더라도 실제로는 수 년간 훈련하고 연습하면서 숱한 실패를 겪고 인내하며 버틴 결과 야. 이런 까닭에 우리는 건강하고 또 유연한 생각을 할 필요가 있 어. 즉, 최선을 다하되 일이 쉽게 풀리기만을 기대하지 않는 거야. 하지만 열심히 노력하지 않으면 우리에게 찾아온 기회를 놓칠 수 도 있고 자신을 증명할 기회가 찾아왔을 때에도 그걸 깨닫지 못 할 거야.

목표를 위해 꾸준히 노력하는 건 힘들어. 특히 발전이 더디다고 느낄 때 더 그럴 거야. 때로는 포기하고 싶은 마음이 들지도 몰라. 하지만 거기서 멈추지 말고 천천히 가더라도 계속 나아가야만 해. 처음에는 결과가 딱히 마음에 들지 않을지도 몰라. 일을 망치거나, 실수를 하거나, 중요한 부분을 놓치거나, 생각만 많아지기도 하지. 하지만 목표를 향해 도전할 때마다 그 속에서 뭔가를 배우고 조금씩 뜻한 바에 가까워지고 있다는 걸 기억해. 그러니 포기하지 말고 계속 도전해 보자!

언제 도전해야 하냐고? 바로 지금! 네가 힘들어 하는 과목, 서먹해진 친구, 놓쳤던 기회, 무엇이 되었든 다시 도전하는 거야. 성공한 사람의 태도를 배우려면 지금부터 소개할 작은 습관들을 실천해 봐. 앞에서도 이야기했지만 결과에 연연하지 않고 최선을 다하는 것이 가장 중요해.

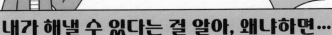
# 내가 해낼 수 있다는 걸 알아, 왜냐하면…

너는 네가 스스로 생각하는 것보다 훨씬 결단력 있는 사람이야. 이 사실을 증명할 수 있는 딱 좋은 습관이 있어. 매일 열심히 노력한 내용을 일지로 만드는 거야. 결과만큼이나 노력을 축하하는 방식으로 뇌를 훈련하는 거지.

90일간 매일 "나는 내가 힘든 일을 해낼 수 있다는 걸 안다, 왜냐하면…"으로 시작하는 문장을 적어. 그런 다음 그날 인내심을 가지고 해냈거나 노력을 기울였던 일을 적어서 문장을 완성해 봐. 예를 들면 이렇게 말이야.

⇨ 나는 내가 힘든 일을 해낼 수 있다는 걸 안다. 왜냐하면 수학 문제에서 답을 얻을 때까지 포기하지 않았기 때문이다.

⇨ 나는 내가 힘든 일을 해낼 수 있다는 걸 안다. 왜냐하면 오늘 팀 훈련에서 온 힘을 다해 달렸기 때문이다.

⇨ 나는 내가 힘든 일을 해낼 수 있다는 걸 안다. 왜냐하면 긴장해서 떨렸지만 수업 시간에 손을 들고 질문했기 때문이다.

## MINI HABITS

# 포기하지 말고 다시 도전하자!

누구에게나 힘든 날이 있어. 김연아나 손흥민 선수 같은 최고의 스포츠 스타들도 중요한 경기에서 아쉬운 기록을 낸 적이 있어. 너도 이런 적이 있을 거야. 부끄럽고 좌절감에 빠지는 순간을 헤쳐 나가는 비결은 힘들어도 그만두지 않는 습관에 있어. 너의 목표와 '왜' 그 목표를 이루기 위해 애써야 하는지를 곱씹으면서 다시 시작하는 거야.

내가 처음 강연을 시작했을 때, 관객들의 반응이 전혀 없는 순간들이 있었어. 굴욕감이 밀려오는 바람에 다 그만두고 싶었지만 그러지 않았지. 대신 이 일을 하는 이유는 언니를 기리고 언젠가 내 꿈이 이뤄졌을 때 짜릿한 감동을 느끼기 위해서라는 점을 떠올리면서 목표를 향해 온 힘을 다했어. 쉬어 갈 수는 있어. 하지만 힘들다고 포기해서는 안 돼. 그럴 때일수록 다시 도전하는 거야! 내일은 네 모든 것을 바칠 새로운 날이 시작될 거야.

혹시 그만두고 싶다는 생각이 드는 일이 있었니? 그렇다면 네가 하는 일이 왜 노력할 가치가 있는지 적어 보고, 자신에게 '다시 도전해 보자'라고 말해 보자. 정말 가치가 없는 일이라면 과감하게 그만두는 것도 너를 지키는 방법이야.

# 깊이 파고들어 진실한 이야기를 듣자

네가 존경하는 사람이나 특정 분야에서 성공한 사람을 떠올려 봐. 장담하는데 그 사람들의 성공은 하루아침에 얻거나 계획대로 순탄하게 이루어진 것이 아니야. 아마도 숱한 거절을 경험하고 밀려오는 회의감과 싸우면서, 오랜 시간 힘겹게 기술을 쌓고 다듬는 엄청난 노력을 기울였을 거야. 물론 나에게도 그런 여정이 있었고, 너 역시 마찬가지일 거야.

누군가의 이야기를 소셜 미디어에 보이는 대로만 받아들이고 운이 좋아서 성공했을 거라고 판단하는 대신, 더 깊이 파고들어 그 사람이 얼마나 노력했는지에 대한 진짜 이야기를 찾아보는 습관을 들여 봐. 과정에 쏟아붓는 모든 노력은 목표를 향해 가는 긴 여정의 일부라는 사실을 알게 될 거야!

네가 존경하는 사람을 유튜브에서 검색해 봐. 그 사람의 진짜 이야기를 듣고 영감을 얻기 위해서는 항상 깊이 파고들어야 해.

## 패배를 품위 있게 인정하기

농구 대회 결승전에서 경기 종료를 알리는 버저 소리가 울리고 너가 던진 슛이 안 들어가고 말았어. 댄스 대회에 나가기 위해 오랜 연습 시간을 거친 뒤 대회 당일 무대에 올라 혼신을 다해 춤을 췄는데 4등에 그쳤지. 몇 달 동안 하루도 빼놓지 않고 새벽 5시에 일어나 수영 연습을 했는데, 단 0.21초의 차이로 우승을 놓쳤어. 이럴 때 우리는 패배감을 느껴. 정말 짜증 나는 상황이지.

온 힘을 다해 열심히 노력했는데 실패하면 기분이 좋지 않아. 나는 그런 기분 자체가 나쁘다고는 생각하지 않아. 최선을 다했는데 결과가 좋지 못할 때 느끼는 실망감은 자연스럽고 건강한 감정이야. 그런 감정을 느낀다고 바로 밀어낼 필요는 없어. 다만, 순간적인 감정일 뿐이니까 상대편이나 동료 선수 혹은 코치 선생님에게 화풀이하지 않아야 해. 특히 자신에게 가혹하게 굴어서는 안 돼.

어떤 일에 실패했다고 네가 패배자라거나 아무것도 못하는 존재가 되는 것은 아니야. 그냥 그날은 승리의 영광을 누리는 날이 아니라 겸손함을 배우고 훈련하는 날인 것뿐이야. 패배했다는 사실을 인정하고 겸손하게 받아들여야 해. 우리는 인간이기 때문에 실패할 수도 있어. 김연경 선수나 BTS 같은 스타들도 실패를 경험했어. 아무리 실력이 뛰어나다 한들 실패를 겪지 않는 사람은 없어. 성공으로 가는 길에서 실수와 패배는 피할 수 없지만, 그런 경험을 어떻게 정의하고 받아들일지는 우리에게 달렸어.

우리가 바꿀 수 없는 것에 집착하는 대신, 바꿀 수 있는 것, 즉 패배를 대하는 태도에 집중하자. 자신에게 화를 내거나 상대편에게 분풀이를 하기보다 앞서 소개한 성장형 사고방식을 적용하는 거야. 패배를 피해야 하는 위협으로 보는 것이 아니라 실력을 쌓고 새로운 것을 배우고 능력을 개발할 기회라고 생각하는 거지. 이런 식으로 패배를 다르게 생각하면 실패하더라도 좌절하지 않고 계속 도전할 수 있어. 시합 결과가 어떻든지, 네가 무엇을 성취하든지, 너는 이기거나 배우거나 할 테니 네 노력은 충분한 가치가 있어.

# 상대방과 악수하면서 축하 인사를 건네자

시합을 할 때 심판의 판정이 아무리 불공정하더라도, 상대편 선수가 아무리 공격적으로 행동했더라도, 경기가 끝난 뒤에는 항상 상대 팀과 악수하고 상대방의 승리를 축하해 주는 습관을 들이자. 어느 누구도 승리를 싫어하는 사람은 없을 거야. 그런 환희의 감정을 무례한 태도로 덮어 버려서는 안 돼. 승리한 사람들에게 기쁨을 만끽할 시간을 주자. 네가 승리할 때도 곧 올 거야.

그날이 올 때까지 네가 패배했을 때는 너의 넓은 마음을 보여 줄 기회로 삼는 거야. 이길 때 웃기는 쉬워. 하지만 졌을 때에도 변함없이 친절한 모습으로 응원하는 태도를 유지하기 위해서는 품위와 겸손함이 필요해. 이런 성품은 경쟁에서 이기는 데에는 도움이 안 될지 모르지만 인생에서 승리하는 데에는 분명히 도움이 돼. 당시에는 정말이지 기분이 엉망이었던 과거의 실패 경험을 떠올려 보자. 만약 그때 가장 훌륭한 인성을 가진 사람에게 상을 준다고 하면, 상대편을 어떻게 대해야 할지 생각해 보는 거야.

# 좌절을 도약의 기회로 바꾸자!

패배로 인한 좌절과 수치심에 빠지면 뇌가 제대로 작동하지 못해. 그런 일이 벌어지지 않도록 좌절은 도약의 기회라는 사실을 되새기는 습관을 들여 봐! (아름다운 도약을 싫어할 사람이 누가 있겠어?) 진정한 성장은 바로 그럴 때 일어나는 거야. 승승장구할 때가 아니라 패배를 딛고 일어나 다시 도약할 때 말이야.

좌절을 딛고 도약하는 일은 앞으로 일어날 일을 긍정적으로 바라보면서 과감하게 행동할 때만 가능해. 실패에서 배우고자 하되 스스로 실패를 부끄러워하지 않아야 하지. 실패할 수는 있어. 하지만 패배는 한순간일 뿐이라는 믿음으로 열정을 쏟으면 더 좋은 날이 온다는 걸 기억해야 해. 다시 열심히 노력하면 지금의 좌절은 곧 도약의 기회로 바뀔 거야. 최근에 좌절했던 순간을 적고, 도약을 준비하기 위해 오늘 할 수 있는 행동 한 가지를 써 봐!

◇ 최근에 좌절했던 순간 : _____

◇ 도약을 준비하기 위해 오늘 할 수 있는 행동 :

_____

# 이번 실패에서 무엇을 배울 수 있을까?

경기에서 지거나 목표 도달에 실패했을 때, 우리 뇌는 대개 결과를 놓고 따지면서 '왜 심판은 그렇게 판단했을까?'라거나 '나는 왜 이렇게 멍청하지?'라거나 '왜 나는 운이 지지리도 없을까?' 같은 질문을 해. 하지만 그런 생각에 붙잡히면 좌절과 자기 연민에 빠져 헤어 나오기 힘들어질 뿐이야.

그런 생각에 젖어 있는 대신 질문을 뒤집어 '이번 실패에서 무엇을 배울 수 있을까?'라고 질문하는 습관을 들여 봐. 마음을 다잡고 힘을 내는 데 도움이 될 거야. 최근에 실패했던 경험을 생각해 보고 거기에서 무엇을 배울 수 있을지 세 가지를 적어 보자. 앞으로 실패할 때마다 이 방법을 사용하는 거야. 다음번에는 배드민턴 채를 더 단단히 잡는다든가, 리허설 전에 대사를 확실히 외운다든가, 운동화 끈을 단단히 조인다든가, 모든 실패에는 배워야할 점이 있기 마련이야.

◇ 가진 돈을 충동적으로 다 쓰지 않도록 조심해야 해. 반드시 계획을 세우고 예산을 짜서 필요한 비용을 미리 떼어 두고 충분히 저축하자!

◇ 누군가가 너에게 선행을 베풀면, 다른 사람에게 선행을 나누어 보자. 그러면 세상은 좀 더 친절하고 다정한 곳이 될 거야.

◇ 우리가 사는 세상은 정말 놀라워. 이곳을 돌보고 지키는 일은 우리 몫이야. 친환경적인 생활 습관을 실천하고 재활용 가능한 물건을 사용하자.

◇ 성공을 향한 여정은 쉽지도 단순하지도 않아. 더디게 발전한다는 생각이 들더라도 끝까지 노력하는 태도가 가장 중요해.

◇ 패배를 품위 있게 받아들이고 그 실패를 경험 삼아 발전하자.

## 나가는 말

### 계속 나아가기

축구 선수가 슈팅하는 기술을 보여 주는 유튜브 동영상을 보면서 우리는 지식을 얻을 수 있어. 하지만 실제로 슈팅을 잘하려면 그 지식을 바탕으로 직접 공을 차는 연습을 해야 해! 이 책에서 살펴본 전략들도 마찬가지야. 지금까지 배운 것과 아이디어를 꼭 실천하겠다고 약속하자! 한두 번 하다가 그쳐서는 안 돼. 그런 전략이 절로 나오는 습관이 되기까지 여러 번 반복해서 연습해야 해. 뇌는 반복을 통해서 변화하고 발달하기 때문에 인내심을 가지고 끈기 있게 노력해 보자.

한 번에 모든 것을 잘할 수는 없어. 내가 추천하는 방법은 마음이 가는 장을 골라 그 장에서 소개하는 습관에 익숙해지도록 꼼꼼히 읽고 계속 연습하는 거야. 그런 다음 다른 장으로 넘어가는 거지. 자신만의 속도에 맞추되 실수하거나 깜빡 잊더라도 자책하지 않아도 돼. 그런 것도 습관을 만드는 과정의 일부거든. 나역시 이 모든 습관을 완벽히 소화하지는 못했어. 하지만 핵심은 포기하지 않는 거야. 책에서 배운 습관을 실천하는 것을 잊지 않으려면 핸드폰 알림을 이용하거나 눈에 띄는 곳에 포스트잇을 붙여 둬도 좋겠지. 아니면 친구랑 같이 습관 쌓기를 실천하는 것도 좋은 방법이야. 서로 동기부여도 되고, 실천하면서 생기는 어려움도 나눌 수 있을 테니까!

## 습관이 왜 중요할까?

이 책도 얼마 남지 않았어. 어쩌면 이런 생각이 들지도 몰라. '지금 이런 습관을 기른다고 내 인생이 크게 달라질까?' 이 질문에 대한 답은 '정말 그렇다'야.

감사한 일을 적거나 '나는 힘든 일을 해낼 수 있다'라고 되뇌는 동안 뇌신경의 긍정 회로가 단련되고 정신 건강에도 큰 도움이 돼. 탄산음료 대신 물을 마시고 5분이라도 꾸준히 운동하는 일은 곧 신체 건강을 위한 투자이자 미래의 네가 좋은 선택을 훨씬 쉽게 하도록 도울 거야. 계획을 세우고 기록하거나 제시간에 일어나기 위해 알람을 맞출 때마다 너는 미래의 너에게 투자하는 셈이야. 당장 눈에 띄는 성과가 없고 진행이 더디게 느껴져서 답답할 수도 있어. 그럴 때는 습관을 쌓아 가는 동안에는 결과가 바로 눈에 보이지 않는다는 사실을 기억하자. 하지만 확실한 건 네가 만든 습관이 꼭 너에게 도움이 될 거라는 사실이야.

나무가 자라는 걸 매일 관찰하면 하루하루 큰 차이 없이 비슷하다는 생각이 들어. 하지만 첫날과 100일째의 모습을 비교하면 전혀 다른 나무로 보이지. 습관을 들이는 과정도 다르지 않아. 너는 엄청난 잠재력을 지닌 씨앗이야. 매일 물을 주듯 작은 습관을 실천하면 꿈꾸던 모습으로 성장한 네 모습을 마주하게 될 거야!

## 습관을 확인하는 '습관 트래커'

좋은 습관을 유지하는 방법은 매일 습관을 체크하거나 지워 가는 방법으로 확인하는 거야. 네가 계획한 일을 지워 나갈 때의 쾌감은 이루 말할 수 없지. 그때마다 뇌가 도파민을 뿜어내거든! 뇌가 어떤 행동을 반복해서 습관으로 만드는 데 필요한 것이 뭐였는지 기억나니? 그 행동 뒤에 얻는 '보상'이야! 그래서 습관을 기록해서 관리하면 책임감도 생기고 동기부여하기에도 좋아. 체크 표시를 하거나 줄을 그어 지우는 항목이 늘어나면 재미가 붙지. 덕분에 습관을 계속 실천할 마음도 커져. 너도 잘 이어져 오던 고리가 보상을 주지 않아서 끊어지는 걸 원치 않잖아!

습관 트래커는 자신이 원하는 대로 화려하게 꾸며도 좋고 단순하게 만들어도 좋아. 종이나 펜을 사용하거나 컴퓨터의 문서 파일이나 핸드폰의 메모 앱을 사용해도 돼. 검색창에 '습관 트래커'라고 치면 셀 수 없이 많은 양식이 쏟아져 나올 거야. 그런 양식을 프린트해서 기록해도 좋겠지. '해비티파이' '루티너리' '마이루틴' 같은 무료 앱도 많아. 종이든 앱이든 잘 보이는 곳에 두는 것을 추천할게. 책상 앞이나 핸드폰 홈 화면이 좋겠지. 기록지나 앱을 볼 때마다 습관을 들이기 위해 오늘 하루 동안 무슨 노력을 했는지 생각해 보자. 습관이 어떻게 만들어지는지 눈으로 확인하는 일은 큰 자극이 될 거야.

## 마지막 당부의 말

축하해! 드디어 책의 마지막 장까지 왔어. 이제 지금까지 익힌 작은 습관들을 실천하면서 인생의 큰 목표를 향해 나아갈 새로운 여정이 시작된 거야. 인생은 예상치 못한 어려움으로 가득 차 있기 때문에 우리의 여정은 때때로 험난할 거야. 나는 감사하면서 선행을 베푸는 습관 덕분에 언니를 잃은 슬픔으로 어두웠던 날들을 지나올 수 있었어. 다른 사람의 이야기에 귀 기울이는 습관은 소중한 관계를 지키는 데 도움이 되었지. 어떤 일이든 잘 쌓아 둔 습관 덕에 훨씬 수월하게 넘길 수 있었어.

이 습관들을 완벽하게 만들려는 것보다 습관을 만들기 위해 꾸준히 실천해야 한다는 점을 기억해. 무엇보다 습관을 만드는 일이 즐거워야 한다는 점도 잊지 마! 내가 십 대 시절 저지른 엄청난 실수 한 가지는 매사를 진지하게 받아들이는 바람에 엄청난 스트레스에 시달렸다는 거야. 그때의 나에게 조언을 하나 한다면, 가능하면 긴장을 풀고 웃음을 잃지 말라고 말해 주고 싶어. 너도 실수하거나 오해를 했다 하더라도 웃어넘길 줄 아는 사람이 되었으면 해.

십 대 시절이 끝나지 않을 것만 같은 그 기분을 나도 잘 알아. 하지만 그날은 생각보다 빨리 찾아올 거야. 다가올 일을 하염없이 기다리는 대신, 내가 신중하게 골라서 소개한 습관들을 바로 오늘부터 시작해 보자. 이 습관들이 몸에 배면 이전보다 훨씬 행복하고 멋진 삶을 살면서 성취감을 맛보게 될 거야. 그건 내가 마련한 선물이기도 하지만 미래의 너를 위해 네가 직접 준비하는 선물이기도 해. 분명 미래의 너는 자랑스러워할 만한 모습일 거야.

매일 습관을 실천하도록 옆에서 의욕을 북돋워 줄 수는 없지만, 이 책을 옆에 두고 격려나 조언이 필요할 때 언제든 펴 보도록 해. 나는 너와 한 팀이야. 항상 응원할게! 이제 직접 행동하는 거야. 너의 미래는 너에게 달렸어!

책

## 좋은 습관을 기르는 방법을 더 알고 싶다면

『나는 왜 자꾸 미룰까? : 중학생을 위한 목표 관리법』 비벌리 K. 베이첼
게을러서 미루는 게 아니다. 목표가 없기 때문에 미루는 것이다! 중학생을 위한 목표 관리법.

『스몰 스텝-하루 10분, 나를 발견하는 시간』 박요철
다른 사람들에게 휘둘리며 자기 자신을 잃어 가던 한 사람이 3년 동안 매일 반복해 온 작은 습관들의 실천기. 작지만 행복을 추구하는 사람들을 위한 실천 가이드.

『아주 작은 습관의 힘-최고의 변화는 어떻게 만들어지는가』 제임스 클리어
습관을 들이기 위해 가장 현실적이면서도 과학적인 방법을 알려 주는 책.

『게으른 십대를 위한 작은 습관의 힘』 장은영
좋은 습관을 들이기 위해서는 좋은 전략이 필요하다! 나쁜 습관을 좋은 습관

으로 바꾸는 전력 가이드.

『하루 5분 아침 일기』 인텔리전트 체인지

성공한 사람들은 모두 아침에 일기를 쓴다! 최고의 삶을 만들기 위한 가장 쉬운 습관을 소개한다.


## 유튜브 영상

### 스트레스 때문에 걱정이 된다면
〈How to make stress your friend〉 Kelly McGonigal

### 습관을 만들기 위한 동기부여가 필요하다면
〈Try something new for 30 days〉 Matt Cutts

### 공부 습관을 들이고 싶다면
〈66일 습관의 기적〉 강성태


## 어플

### 습관 형성과 기록 관리

Habitify-습관 트래커(안드로이드) 좋은 습관을 기르고 규칙적인 생활을 유지할 수 있게 해 주는 무료 안드로이드 습관 관리 어플.

Loop 습관제조기(안드로이드) 오늘 한 일을 그래프와 통계로 수치화해서 체계적으로 습관 형성이 가능한 어플.

**루티너리 : 갓생을 위한 습관루틴 스케줄** 작지만 확실한 성취를 이루게 도와주는 어플.

**마이루틴** 한 주를 한눈에 볼 수 있는 루틴 신호등, 하루를 돌아보는 일기, 루티너 교류 등 다양한 활동을 할 수 있는 어플.

## 명상과 휴식을 통한 스트레스 관리

**스트레스와 불안에 대한 명상을 위한 음악(안드로이드)** 스트레스가 쌓였을 때 마음을 편하게 해 주는 음악이 많다.

**Calm** 숙면, 스트레스 감소, 불안 완화에 도움이 되는 어플. 명상과 정신 건강에 도움이 되는 음악을 제공한다.

**코끼리-수면, 명상** 전문가의 명상과 심리, ASMR, 동화 음원 등 수면을 위한 다양한 콘텐츠가 있는 어플.

## 예산 짜기와 저축

**편한가계부** 자신이 쓴 돈, 얻은 돈을 상세하게 기록할 수 있다. 주별, 월별 지출 계획도 설정할 수 있다.

**각 은행 어플** 자신이 사용하는 은행 어플로 지출 내역을 확인하고 예산도 짤수 있다.

## 감사와 자신을 사랑하는 훈련

**감사모아(안드로이드)** 매일 5개씩 감사일기를 쓸 수 있는 어플. 자신을 사랑하

**196**

고 감사할 줄 아는 습관을 들일 수 있다.

**감사영수증** 하루 한 가지, 감사한 일을 기록하고 나만의 감사 영수증으로 출력할 수 있는 어플.

## 시간 관리 및 계획

**타임스프레드-시간표·스케줄 플래너 및 시간관리 앱(안드로이드)** 일정이나 할 일, 루틴 관리를 도와준다.

**To-Do List-스케줄 플래너 & 리마인더(안드로이드)** 할 일을 기록해 관리할 수 있다. 중요한 일정이나 해야 할 일을 잊지 않도록 리마인더 알람을 설정할 수 있다.

**데일리스케줄-시간표(플래너, 생활계획표, PDF)** 하루, 주간 일정을 계획, 관리할 수 있다. 시간표를 완료하면 PDF로도 변환하여 사용 가능하다.

**Time-tree** 일정 관리는 물론 캘린더 공유까지 가능한 어플. 상대방에 따라 다른 캘린더를 설정하는 것도 가능하다.

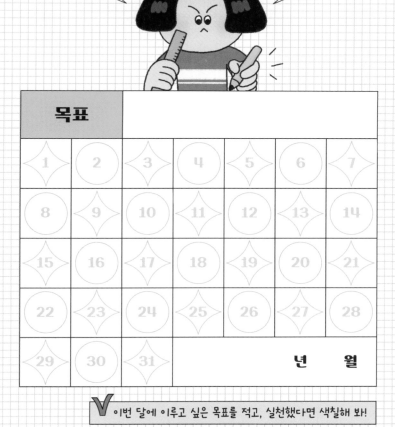

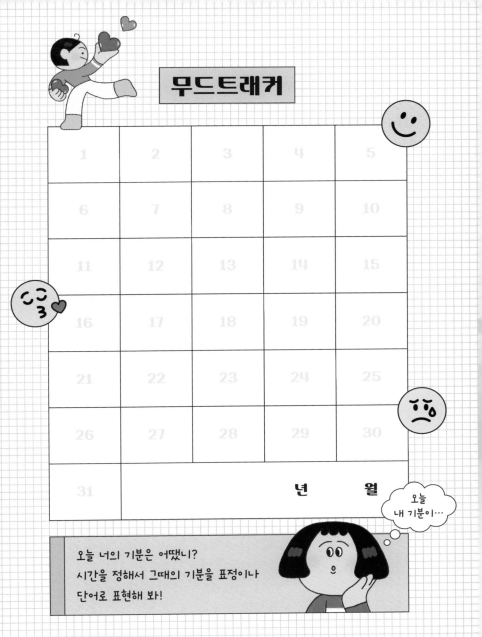